PRIX : **60** *centimes.*

P. DE PARDIELLAN

Poussière
d'Archives

RECUEIL

DE MENUS FAITS HISTORIQUES

PARIS
ERNEST FLAMMARION, Éditeur
26, rue Racine, 26

POUSSIÈRE D'ARCHIVES

ÉMILE COLIN ET Cie — IMPRIMERIE DE LAGNY

P. DE PARDIELLAN

Poussière d'Archives

RECUEIL DE MENUS FAITS HISTORIQUES

PARIS
ERNEST FLAMMARION, ÉDITEUR
26, RUE RACINE, 26

Droits de traduction et de reproduction réservés pour tous les pays,
y compris la Suède et la Norvège.

AVERTISSEMENT DE L'ÉDITEUR

Ce recueil d'articles n'a d'autre prétention que de mettre au jour certains faits ignorés ou mal connus, soit parce qu'ils avaient été jugés de trop mince importance à une époque où les historiens se documentaient principalement dans les archives de leur imagination, soit parce que les papiers qui en faisaient mention gisaient au fond de tiroirs inaccessibles aux profanes ou aux étrangers.

Parmi ces faits nouveaux, aucun n'est appelé à révolutionner l'histoire, c'est-à-dire à en changer les grandes lignes, mais quelques-uns — pensons-nous — contribueront à fixer le caractère de l'époque à laquelle ils se rapportent ou à confirmer certains points sur lesquels on n'était pas d'accord jusqu'à ce jour.

C'est ainsi que le témoignage du conseiller de légation bavarois Lang et une lettre de l'archiduc Charles, trouvée récemment au fond d'une cassette à Vienne, seront d'un secours précieux pour les écrivains qui voudront consacrer une étude définitive à l'assassinat des plénipotentiaires français en 1799.

De même on n'apprendra pas sans un vif intérêt les manœuvres du maréchal Bernadotte qui, dès les premiers mois de l'année 1806, cherchait en Allemagne un trône à sa convenance, et qui, d'appétit modeste, avait fini par jeter son dévolu sur la principauté de Nuremberg.

Les notes de M. de Muller, jeune diplomate saxon, arriviste avant la lettre, sachant arranger aussi consciencieusement les affaires de son prince que les siennes propres, intrigant, adroit, infatigable, toujours présent à l'heure et sur le point où il y a quelque chose à voir, en un temps où les événements les plus importants se succèdent avec la rapidité de l'éclair, ces notes fourmillent de détails piquants, savoureux et généralement inédits. Les chercheurs ne manqueront pas de se creuser la tête au sujet de certaines *Litanies*, d'une allure plutôt avancée, rendues à la vie après une léthargie de cent quarante-cinq ans au fond d'un lot d'archives inexploré jusqu'à ce jour.

Comme il y en a pour tous les goûts dans ce recueil, les amateurs d'évasions célèbres liront certainement avec intérêt les aventures de M. de François, un Trenck au petit pied, ainsi que l'*anabase* de trois bataillons saxons, incorporés de force par Frédéric le Grand, se frayant un chemin à travers l'armée prussienne et rejoignant en Pologne leur souverain légitime.

Etant donné l'intérêt de ces menues histoires, si conformes d'ailleurs au goût du jour, nous avons l'espoir qu'elles seront accueillies avec faveur.

POUSSIÈRE D'ARCHIVES

COMMENT AU BON VIEUX TEMPS SE MARIAIENT LES PRUSSIENS

Les Prussiens d'aujourd'hui n'ont guère sujet de regretter le bon vieux temps, si l'on s'en rapporte aux documents que le zèle infatigable des chercheurs et des érudits va dénicher au fond d'archives où ils demeuraient oubliés.

Quoique moins violents que leur successeur, le roi-sergent, l'aimable souverain à la canne toujours levée, les Électeurs de Brandebourg exerçaient un contrôle sévère sur les faits et gestes de leurs sujets et réglaient leur existence conformément aux principes d'une discipline quasi-militaire.

À voir les prescriptions minutieuses concernant, par exemple, la célébration des mariages, on ne peut se défendre d'un sentiment d'admiration pour les braves habitants du Brandebourg, qui, sous le règne de Joachim-Frédéric (1) et de ses descendants, fondaient, malgré tout, une famille.

(1) Joachim-Frédéric (1546-1608).

D'après une ordonnance dont le texte a été retrouvé récemment, le futur époux avait à remplir une interminable série de formalités, dont voici les principales :

« 1° Le vendredi précédant le jour fixé pour la cérémonie, le fiancé doit se présenter à la mairie, porteur d'une liste avec les noms de toutes les personnes qu'il a l'intention d'inviter. Le magistrat, tenant compte de la situation de fortune, de la position sociale et du nombre des parents de l'intéressé, fixe le chiffre des invitations. Ne sont pas compris dans ce dernier : messieurs les ecclésiastiques, les maîtres d'école, les sacristains et les jeunes filles n'ayant pas encore douze ans révolus;

2° Il peut être invité du monde en sus du nombre fixé, moyennant une redevance de six groschen par personne, à acquitter par le fiancé;

3° Les invités habitant la localité même ne doivent être conviés que la veille du mariage. L'invitation leur est transmise par deux hommes, auxquels ils sont tenus de répondre catégoriquement oui ou non, de manière à éviter des frais en pure perte. Toute contravention à ce qui précède entraîne une amende de deux thalers;

4° S'il est fait, en vue d'un mariage, une fournée spéciale, il est défendu, sous peine d'une amende d'un demi-thaler, d'envoyer au dehors du pain frais et des gâteaux;

5° Le mariage doit se faire le mercredi; la cérémonie religieuse a lieu à deux heures de l'après-midi. Si le fiancé ou sa future n'est pas là à l'heure fixée, les portes de l'église doivent être fermées, elles ne sont ouvertes au retardataire que moyennant l'acquittement d'une amende de deux thalers ou la remise d'un gage équivalent. La moitié de cette somme revient à l'église et l'autre au conseil (à la commune);

6° Le sacristain ne doit pas toucher à l'horloge en vue de rendre service aux intéressés; toute contravention à cette prescription entraîne une amende d'un thaler.

7° Après la cérémonie religieuse, les jeunes mariés ne doivent pas s'écarter; il faut qu'ils assistent au dîner, lequel est servi au sortir de l'église et se compose de quatre plats, non compris les légumes, la garniture des rôtis, le beurre, le fromage, les fruits et les écrevisses. Chaque infraction à ces prescriptions est punie d'une amende de quatre thalers.

8° Le lendemain, jeudi, sous peine d'une amende de quatre thalers, les parents, frères et sœurs et amis des jeunes mariés assistent seuls au repas de midi. Le même jour, à deux heures de l'après-midi, les jeunes gens se réunissent pour danser; les autres viennent à cinq heures pour le repas. Il leur est servi le même nombre de plats que la veille;

9° Les garçons et les filles ne doivent pas être réunis à table. Sous peine d'une amende de deux thalers, les jeunes gens de chaque sexe mangent à part;

10° Le vendredi qui suit la cérémonie, le jeune marié doit, sous peine d'une d'amende de deux thalers, se rendre spontanément à l'hôtel de ville, prêter serment de fidélité à Son Altesse Electorale, à son pays et aux autorités municipales de la commune, se déclarer fermement décidé à observer les lois du mariage et à se soumettre aux peines qu'entraîneraient les infractions dont il se rendrait coupable. »

On voit d'après cela que, pour se marier en ce bon vieux temps, il fallait en avoir grandement envie. Mais, au moins, était-on quitte, une fois remplies toutes ces formalités?

Que non.

L'existence ultérieure des ménages restait soumise à un contrôle des plus sévères, ainsi que le prouve le même document.

Toute femme, y est-il dit, convaincue d'avoir frappé son mari est, suivant le cas, punie d'amende ou de prison. En outre, si elle a de la fortune, elle est condamnée à donner un habillement en drap à l'huissier du conseil. Si l'homme est pusillanime au point de ne point oser porter plainte contre la femme qui l'a battu ou maltraité, il est passible d'une double punition : il doit habiller à neuf deux des huissiers du conseil et, en outre, subir un emprisonnement ou telle autre peine laissée à l'appréciation du magistrat.

Si les deux époux avaient des torts, on les mettait d'accord en les enfermant ensemble dans une cellule et ne leur donnant qu'un seul lit, une chaise, une assiette, une fourchette et un couteau. Le remède, paraît-il, était aussi infaillible que prompt.

UNE VISITE PRINCIÈRE A PARIS
(1613)

Le 20 novembre 1613, arrivait à Paris un prince souverain allemand, désireux de voir cette capitale et cette cour dont les membres de sa famille lui avaient tant de fois vanté les splendeurs.

Jean-Ernest Ier, duc de Saxe-Weimar, petit-fils de Jean-Guillaume, qui, sous le roi Henri II, avait servi la France non sans distinction, était le frère aîné de ce Bernard de Weimar, lequel devait, pendant la guerre de Trente ans, faire preuve des plus grands talents militaires.

Né en 1594, Jean-Ernest Ier avait à peine dix-neuf ans quand il vint faire visite à Louis XIII, lequel n'en avait que douze.

Ce voyage fut, pour les Saxons, un événement mémorable, et s'il n'en est fait mention dans aucun ouvrage français de l'époque, si Fontenay-Mareuil, Bassompierre, Phelypeaux de Pontchartrain, le duc de Rohan et autres n'en soufflent mot, il en existe par contre une relation très détaillée, écrite par un personnage de la suite du prince. Ce manuscrit a été découvert ces temps derniers et, vraiment, c'eût été bien dommage que ce récit demeurât ignoré, car, outre les renseignements intéressants qu'il donne sur l'étiquette alors usitée à la cour de France, et sur les fêtes auxquelles son auteur a pris part, il est amusant par sa naïveté, par la franchise avec laquelle il avoue ses effarements successifs en présence des splendeurs du Louvre, des carrosses dorés et même de l'air imposant du sieur de Bonnoeil, *magister ceremoniarum*, ainsi qu'il le dénomme.

Le 22 novembre, cinq voitures de la cour, dont une dorée, vinrent chercher le duc et les personnes de sa suite et les menèrent au Louvre.

« Seuls le carrosse doré et un autre furent autorisés à pénétrer dans la cour du *Palatium*; l'étiquette le veut ainsi. Les autres équipages furent arrêtés au dehors. Arrivé devant le grand escalier, monseigneur mit pied à terre et fut amené dans une pièce réservée aux personnages et aux envoyés étrangers qui doivent être reçus en audience et qui ont ainsi le moyen de respirer et de se reposer un instant pendant qu'on va les annoncer au roi. Cette chambre, ne prenant jour que par une fenêtre minuscule, était très sombre : le long des murs étaient tendues de superbes tapisseries. Bonnoeil monta aussitôt chez le roi et revint bientôt chercher monseigneur.

« La marche était ouverte par le lieutenant du maître des cérémonies; venaient ensuite les quelques personnes appartenant à la suite de Sa Grandeur Electorale, puis les comtes et les autres seigneurs, enfin monseigneur accompagné de Bonnoeil. Le cortège conserva cet ordre pour traverser la cour et gagner la chambre de la reine-mère. Arrivé en haut dans l'antichambre, il passa entre une haie formé par les gardes du corps. Le corridor très étroit et sombre conduisant à la chambre de la reine-mère était encombré de monde, et les pages du roi, placés à la porte, avaient bien de la peine à faire ranger les curieux. En entrant dans la chambre, Bonnoeil fit deux profondes révérences au roi et à la reine, et alla se placer sur le côté. Monseigneur, qui arrivait derrière lui, fit aussi deux révérences, l'une au roi, l'autre à la reine, puis, se portant en avant, il s'inclina encore une fois devant le roi et prit le bas de son manteau. »

Après avoir embrassé le prince, le roi Louis XIII mit son chapeau et, par signes, invita son visiteur (car il ne savait pas l'allemand) à en faire autant. L'autre ne comprit pas aussitôt : il fallut que Louis XIII renouvelât plusieurs fois sa mimique pour qu'il se décidât à se couvrir; puis il débita un discours.

« Chaque fois qu'il disait : « Votre Majesté », il ôtait son chapeau mais le remettait de suite. Le roi lui répondit brièvement et s'assit. Aussitôt Monseigneur se découvrit et, se tournant vers la reine qui était placée à la gauche de son fils, lui fit une révérence et prit le bas de sa robe. Elle ne voulut pas que Sa Grandeur Electorale demeurât chapeau bas devant elle, et l'invita à se couvrir. Monseigneur lui adressa une petite allocution à laquelle elle répondit. Elle lui posa différentes questions et se montra fort aimable. Après cela, Bonnoeil cria d'une voix perçante : « Allons, messieurs ! » Là-dessus, tous les étrangers sortirent, monseigneur s'inclina de nouveau par deux fois et se retira à reculons jusqu'à la porte. »

La reine portait à cette réception une robe de soie noire; les dames de sa suite étaient également en noir. Quant au roi, il avait un chapeau et un costume vert foncé. La pièce dans laquelle avait eu lieu la réception n'était pas grande; les nombreux assistants se trouvèrent très serrés, et ceci donna lieu, quelques jours plus tard, à un amusant quiproquo dont il sera question plus loin.

Le séjour de M. de Weimar à Paris fut d'assez longue durée. Le 13 janvier 1614, il assista à un bal de la cour et put constater que le nombre 13 portait malheur en France comme en Allemagne. En effet, son ami Bonnœil se vit enlever au milieu de la foule un collier garni de diamants et valant *plus de cent couronnes (?)*.

« Au fond de la salle se dressait un échafaudage garni de tapisseries sur lequel avaient pris place le roi, la reine, les personnages et les jeunes femmes de la cour. Ce fut là que Bonnœil conduisit monseigneur. Celui-ci vint aussitôt se mettre à côté du roi. Le long des grands côtés de la salle s'élevaient des estrades sur lesquelles étaient assises des dames au nombre de plus de quatre cents. Toutes étaient vêtues des toilettes les plus admirables et, conformément aux usages français, avaient la tête et la poitrine entièrement couvertes de gros diamants. De quelque côté que l'on se tournât, on apercevait un ruissellement féerique. Le roi, la reine avec le jeune duc d'Anjou, des jeunes filles et la vieille reine Marguerite de Navarre en robe de satin blanc avec une masse de diamants, s'assirent sur des chaises. »

Il paraît, d'après le récit de notre auteur, que les invités de la cour ne se gênaient guère et notamment poussaient des cris tels qu'à un moment donné la reine-mère, incommodée par le vacarme, se retira dans ses appartements et donna l'ordre de remettre le bal à un autre jour. Comme de juste, personne ne bougea ou plutôt ce fut le contraire qui arriva, car, sans attendre que l'autorisation leur en fût donnée, tous les assistants se mirent à danser avec entrain. Ce que voyant, Marie de Médicis n'eut d'autre ressource que de reparaître et de faire contre mauvaise fortune bon cœur.

M. de Weimar et ses compagnons furent émerveillés des mascarades qui défilèrent sous leurs yeux. Le journal mentionne, avec une satisfaction particulière, Circé transformant les compagnons d'Ulysse en animaux immondes et... dansant ensuite avec eux. Les braves Saxons, pensant bien ne jamais revoir fête pareille, demeurèrent les derniers et ne rentrèrent au logis qu'à six heures du matin. Deux jours plus tard, ils firent leurs malles.

« Le 15 janvier, le duc fut reçu en audience de congé par la reine, qui lui dit en riant : « Vous étiez bien pressé, l'autre jour. »

Elle voulait dire par là que, dans la foule, son noble visiteur n'avait guère eu le temps de se consacrer à elle. Lui, au contraire, ne saisit pas l'allusion ; il s'imagina tout autre chose et s'empressa d'assurer qu'il n'avait aucunement eu à se plaindre et qu'il n'avait été *pressé* (serré) par personne. Sur ses mots, il fit ses adieux et partit pour ne plus revenir, car il mourut à quelques années de là.

LES RELATIONS DE LA RUSSIE
ET DE LA PRUSSE
A LA FIN DU DIX-SEPTIÈME SIÈCLE

D'après le journal de Pufendorf, un chroniqueur berlinois contemporain, le premier ambassadeur moscovite envoyé à Berlin débarqua dans cette ville en mai 1687, et sa venue donna lieu à une foule d'incidents qui émotionnèrent prodigieusement les dignitaires et les habitants de la capitale, bien modeste alors, du Brandebourg. Ce personnage, dont le nom ne nous est pas connu, était chargé de notifier au grand électeur la *paix éternelle* conclue peu de temps auparavant entre la Russie et la Pologne et, en outre, de négocier avec Frédéric-Guillaume « une alliance contre les Turcs et les Tartares ». Il ne put mener à bien cette dernière partie de sa mission, parce que l'Electeur « avait envoyé les années précédentes et envoyait encore un contingent nombreux contre les Turcs ».

Suivant la formule de Pufendorf, l'ambassadeur,

qui était un malotru ou un original fieffé, ou peut-être les deux à la fois, « en prit très à son aise ». Loin de sentir l'honneur que lui faisait le prince en lui offrant une place à sa table, il déclina son invitation et demanda en échange une indemnité assez élevée, « parce que c'était l'époque du carême russe et qu'il était obligé de consommer des aliments apportés de Moscou ». Au dire du chroniqueur, « ces provisions répugnaient au goût allemand. Cependant, le Russe les avait taxées à des prix pour lesquels on aurait pu avoir les mets les plus recherchés et les plus fins ».

Le personnel de l'Electeur essaya bien de marchander, mais l'autre maintint ses prétentions, de sorte que l'on dut se résigner à lui payer les sommes demandées. Les Berlinois s'imaginèrent alors en avoir fini avec lui ; la suite leur fit voir qu'il n'en était rien. En effet, l'ambassadeur n'avait pas encore été reçu en audience solennelle. L'étiquette à observer pendant cette cérémonie donna lieu à des discussions interminables, parce que « ce barbare, comme dit Pufendorf, s'obstinait à vouloir saluer le prince en échangeant une poignée de main avec lui ». Stupéfiés par des prétentions aussi incongrues, les gens de la cour ne surent d'abord que lui répondre. Cependant à la longue, ils réussirent à lui faire comprendre que cela ne se pouvait pas.

Se croyant cette fois au bout de leurs peines, ils se réjouissaient déjà, lorsque surgit une difficulté nouvelle : le grand électeur venait de tomber malade et avait dû s'aliter à Potsdam. Ne voulant pas retarder indéfiniment la cérémonie, peut-être aussi désireux de se débarrasser d'un hôte qu'il trouvait encombrant, il lui fit dire qu'il le recevrait couché. Aussitôt le Russe jeta les hauts cris et déclara que « la dignité du tsar exigeait que son ambassadeur fût porté à l'audience, botté, coiffé d'un bonnet de fourrure et étendu sur un lit ». Toutes les représentations qu'on fit pour le détourner de cette prétention demeurèrent vaines, de sorte que finalement, quoique très malade, l'électeur se leva pour le recevoir. En sortant de l'audience, l'autre demanda qu'on lui payât les frais de son retour. Aussitôt soldé, il repartit pour Moscou.

Vingt-cinq ans plus tard (1712), Pierre le Grand vint passer quelques jours à Berlin; c'était Frédéric Ier, le fondateur du royaume de Prusse, qui régnait alors. Ce monarque inintelligent et ridicule, obsédé par la manie d'imiter en tout Louis XIV, avait fait des préparatifs extraordinaires pour la réception du tsar. Par son ordre, les margraves Albert et Louis, accompagnés d'une suite nombreuse, étaient allés à une lieue de Berlin attendre les nobles visiteurs, mais l'empereur, qui était ennemi du faste et de l'apparat, informé de ceci, n'avait rien eu de plus pressé que de monter dans une voiture d'aspect très ordinaire. Grâce à cette ruse, il avait gagné la ville sans encombre et s'était fait conduire à l'hôtel de son ambassadeur.

Aussitôt sa toilette faite, il se rendit à pied au palais royal. Frédéric fit bonne mine à mauvais jeu, cependant, malgré les instances du tsar, il donna l'ordre de tirer les salves prescrites. La chose eut du bon, car elle renseigna les autres qui se morfondaient sur la grande route. Ils revinrent assez décontenancés et, pour comble de malheur, durent subir les brocards de l'impérial visiteur. Celui-ci refusa d'habiter les appartements qui avaient été préparés pour lui au château et, pendant la durée de son séjour, demeura à l'ambassade, grâce à quoi il put circuler à sa guise et se livrer aux études qui formaient le but de son voyage. Ceci ne manqua pas de plonger en des abîmes de stupéfaction les Berlinois, habitués qu'ils étaient à ne voir leur roi que très rarement, toujours en voiture et environné d'une pompe extraordinaire.

Frédéric Ier lui-même éprouva en cette circonstance bien des ahurissements. Visant à la distinction, toujours préoccupé de ressembler à Louis XIV, il souffrit énormément de voir son hôte découper la viande avec un couteau de poche qui, en même temps, lui servait de cure-dent et de cure-ongle, manger avec les doigts, et, en un mot, avoir à table une tenue peu convenable. Mais il y eut encore mieux.

Le lendemain de son arrivée, Pierre lui tint à peu près le langage que voici : « Monsieur mon frère, vous n'ignorez pas que je voyage pour m'instruire et que j'ai beaucoup à apprendre. Je vous prierai donc de vouloir bien m'éclairer de vos lumières. Comme je ne puis m'arrêter longtemps ici, je vous prierai de me faire voir différents actes qui s'exécutent fort mal dans mes Etats. Ainsi, pour commencer, je vous serai très obligé de faire pendre quelqu'un devant moi ».

Fréderic n'en revenait pas. Après de longues hésitations, il répondit qu'il se renseignerait auprès des tribunaux s'il y avait quelque criminel condamné à mort. A son tour, Pierre fut bien étonné d'apprendre qu'on pût être roi sans être le maître absolu de son pays. Très désenchanté, il abrégea son séjour à Berlin.

Cinq ans plus tard, il y revint, accompagné de sa femme, Catherine Ire. Le roi-sergent, qui avait succédé à Frédéric Ier, mort en 1713, logea ses hôtes au château de Montbijou. Au dire des chroniqueurs locaux, Pierre n'était guère plus... civilisé qu'à son premier voyage. Lorsqu'il fut reparti, l'on constata que la bonbonnière qu'il avait habitée si peu de temps était dévastée et presque démolie. Plusieurs objets d'art manquaient, sans compter que l'impératrice s'était fait donner une chose unique en son genre, à savoir tout le lambrissage d'un salon dont les murs étaient couverts d'ambre du parquet au plafond.

Les successeurs de Pierre furent plus hommes du monde que lui ; ils profitèrent des relations qu'il avait ébauchées, les continuèrent et les perfectionnèrent au point qu'un des leurs (Nicolas Ier) épousa une fille de Frédéric III, la sœur du vieil empereur Guillaume. Mais ceci n'est plus de la chronique, c'est de l'histoire.

UN PRINCE MÉCONNU
UNE TENTATIVE DE RÉHABILITATION DU ROI-SERGENT

De tous les princes allemands, Frédéric-Guillaume Iᵉʳ de Prusse, autrement dit le Roi-Sergent, a été certainement un des plus malmenés par ses contemporains et la postérité. Ses enfants eux-mêmes ne l'ont pas ménagé, témoin la margrave de Bayreuth, qui, dans ses Mémoires, a été particulièrement dure pour lui, l'accusant d'être « soupçonneux, jaloux, dissimulé, violent, avare à l'égard de sa personne et de sa famille », lui reprochant les privations de toute nature qu'il avait imposées aux siens, et, en un mot, traçant de lui le portrait le moins enchanteur.

D'autres, venus à Berlin fort longtemps après sa mort, constatent que, malgré les services rendus au pays, il n'avait laissé que des souvenirs déplorables, et citent à l'appui de leurs dires des faits révoltants.

Or, depuis quelques années, un grand nombre de documents découverts dans les archives prussiennes ont permis à des écrivains sérieux d'entamer, en quelque sorte, une campagne en faveur de sa mémoire et de la réhabiliter à certains points de vue. L'un de ceux qui ont assumé cette tâche, M. Krauske, professeur à Goettingue, a pu se procurer les livres de ménage de la cour, et démontrer, par des citations, que la margrave a tout au moins exagéré singulièrement en disant qu'à la table royale on mourait de faim.

Le 27 juillet 1735, par exemple, à dîner, les convives étaient au nombre de vingt, y compris la famille royale. On leur servit : du bouillon confectionné avec six livres de veau; douze livres de bœuf rôti avec des choux blancs; des petits pois à l'étuvée avec une grillade de mouton; une grande carpe de la Sprée avec de la marmelade de cerises; des sandres à la sauce moutarde; une soixantaine d'écrevisses (schock) préparées avec une livre de beurre et du persil; une fricassée de sept poulets de grain avec des champignons de couche; seize livres de museau et de pied de bœuf marinés; dix livres de mouton rôti avec une sauce de concombres.

Ce menu donne un démenti formel à la margrave, dont la véracité a été mise en doute, sur d'autres points, par des gens tels que Droysen, Ranke, Pierson et Bernbeck. D'après les comptes de ménage retrouvés par le professeur Krauske, le roi ne voulait pas que l'on dépensât pour sa nourriture plus de 33 thalers et un tiers par jour, ce qui équivaut à 125 livres de l'époque, c'est-à-dire à près de 400 francs d'aujourd'hui. La margrave n'était pas seule à se plaindre. Sa mère, la reine Sophie-Dorothée, faisait les mêmes doléances à un diplomate accrédité auprès de la cour de Prusse. En admettant même qu'elle eût dit vrai, l'on aurait eu de la peine à la croire, vu que les apparences étaient contre elle. Bien avant la mort de son mari, son embonpoint était devenu si excessif qu'on avait dû faire des chaises et des fauteuils exprès pour elle.

L'avarice de Frédéric-Guillaume I*er*, selon M. Krauske, n'était qu'une économie et une régularité admirables. Ces qualités — et non ce vice — lui avaient été imposées par les erreurs de son père, qui, en mourant, lui avait légué des dettes et une administration en complet désordre. Il paya tout, remit de l'ordre dans les affaires, constitua un trésor, et organisa une armée. Grâce à quoi Frédéric le Grand put jouer le rôle que l'on sait, dans la guerre de la Succession d'Autriche, quelques mois après son avènement au trône. Si l'on veut bien se rappeler qu'à cette époque la Prusse avait à peine deux millions d'habitants, et que l'ensemble de ses revenus ne dépassait pas huit millions de thalers par an, on est obligé de reconnaître que Frédéric-Guillaume I*er* a exécuté un tour de force en mettant de côté dix millions de thalers et en formant une armée de 80.000 hommes toujours prête à entrer en campagne. La vérité avant tout.

Au reste, il était aussi économe pour lui-même que pour les autres. Ses appartements étaient blanchis à la chaux, son mobilier des plus modestes, et « sa table de travail et sa chaise à vis plus simples que celles d'un modeste bourgeois ». Il n'allait pas lui-même à la cave, mais il en avait la clef et tenait un compte exact de ses vins, dont on ne buvait, d'ordinaire, pas plus d'une bouteille et demie par repas. Il dînait volontiers chez ses généraux. Chez son favori, le maréchal de Grumkow, on lui servit un jour un jambon si bien préparé, qu'il déclara n'avoir jamais rien mangé de si bon, et fit appeler le cuisinier pour lui demander sa recette. Celui-ci ayant répondu qu'il faisait cuire son jambon dans un bain de champagne, il dit au maréchal : « Je ne suis pas assez riche pour m'offrir un pareil luxe, mais quand j'aurai envie de manger de l'excellent jambon, je viendrai dîner chez toi. »

Le professeur Krauske ne dit rien à l'excuse de sa brutalité féroce. Évidemment, la tâche ne serait point aisée, attendu que tous les témoignages sont unanimes sur cette question. Dès qu'on signalait sa présence dans les rues de Berlin, c'était un sauve-qui-peut général, car il rouait de coups et injuriait grossièrement ceux qui lui tombaient sous la main.

M. Krauske, tout en déclarant que son protégé n'agissait que dans un but louable, se voit obligé de reconnaître qu'il n'aimait ni les sciences, ni les arts, ni le luxe, ni la toilette. En 1715, à la demande des pasteurs de Berlin, il fit fermer tous les théâtres, « ces temples de Satan ». En 1731, il revint sur cette décision, et autorisa les représentations « où on ne jouerait que des pièces honnêtes, à l'exclusion de polissonneries scandaleuses, de discours et d'actions criminels ». Un théâtre s'ouvrit sous la direction de Johann Carl d'Enkenberg, mais il vécut ce que vivent les roses. Il suffit d'énoncer les titres des pièces suivantes pour expliquer l'existence éphémère de ce temple des Muses : « Le marquis français, d'abord emporté et faisant de l'esprit, mais finalement chassé à coups de bâton », « Vengeance et tyrannie exercées par le roi Alphonse contre son épouse et le marquis Olivier pour cause d'infidélité et de relations amoureuses, coupables et secrètes ».

Frédéric II, étant prince royal, avait des convulsions lorsqu'il lui fallait assister à la représentation d'une pauvreté de ce genre, et ceci ne manquait pas de faire dire à son père : « Ce n'est qu'un petit maître et un bel esprit, il gâtera toute ma besogne. »

Il se trompait en cela aussi, mais le fait n'a pas été relevé par M. Krauske, auquel nous devons rendre cette justice que, si sa tentative de réhabilitation n'a pas eu le succès qu'il s'en promettait, il a néanmoins exhumé quelques renseignements intéressants.

LES FICHES DE M. DE MANTEUFFEL
(1730-1740)

Le 15 août 1730, Sa Majesté Frédéric-Auguste Ier, électeur de Saxe et roi de Pologne, écrivait au baron de Gaultier, l'un de ses ministres : *Vous orrez a demander os Conte Mandeivel qui vous remete le sot du cabinet ans des affaires estrangeres* (1).

L'auteur de cette note — un précurseur en matière d'orthographe réformée — était l'arrière-grand-père des rois de France Louis XVI, Louis XVIII et Charles X. Quant au personnage invité à restituer les sceaux des affaires étrangères, c'était le comte Ernest-Christophe de Manteuffel, un gentilhomme poméranien qui avait dû quitter son pays d'origine à la suite d'une peccadille : une chanson à boire, dont il était l'auteur, et qui avait fait scandale.

Admis au service de Saxe, en 1704, il avait re-

(1) L'original de cette note existe aux archives royales de Saxe, à Dresde.

présenté, l'électorat à Copenhague, dès l'année 1705. De là, il avait été nommé en la même qualité à Berlin (1711-1716). Pendant son séjour dans la capitale de la Prusse naissante, il avait noué des liens multiples : d'amour avec Mme de Blaspiel, une dame d'honneur de la reine, d'amitié avec une foule de personnages influents à la cour; enfin il s'était marié (5 novembre 1713) avec demoiselle Théophile-Agnès, baronne de Bludowska. Il occupait donc en cette ville une situation tout à fait privilégiée, lorsque son maître l'avait rappelé à Dresde pour lui confier le portefeuille de ministre du cabinet. Resté dans ce poste jusqu'en 1730, il avait été pourvu d'une pension de retraite s'élevant à une somme considérable pour l'époque (12.000 thalers), si considérable que l'on peut envisager son départ du ministère comme une feinte convenue entre son souverain et lui.

Aussitôt rendu à la liberté, M. de Manteuffel quitta Dresde et vint s'installer à Berlin, d'où il entretint une correspondance des plus assidues avec son successeur, le fameux comte Brühl; mais dans les premiers temps, elle porta sur des sujets relativement indifférents. En 1734, à la suite d'une intervention de M. de Wackerbarth, cela changea. Ce dernier avait écrit qu'il était entré en relations avec le *Diable* (Manteuffel) et qu'il était persuadé que « Votre Excellence pourra être avertie de bien des choses, beaucoup plus particulièrement par son canal que par celui d'aucun de nos ministres, aux cours étrangères, qui nous intéressent le plus ».

Effectivement, le comte de Manteuffel était mieux à même que personne de fournir au gouvernement saxon les renseignements dont il avait besoin. L'électeur de Saxe n'ignorait pas que, dès l'année 1710, la Prusse avait lancé l'idée d'un partage de la Pologne, idée qui avait été reprise en 1732. Aussi bien, le général de Grumbkow, l'homme de confiance de Frédéric-Guillaume Ier, n'avait-il pas caché à Manteuffel (20 novembre 1732) que « l'empereur des Romains, les Russes et les Prusses (sic) doivent coopérer (au renversement de la république pololonaise) et pour leurs peines *partager le gâteau;* et nous (les Prussiens) aurons la Prusse polonaise, une partie de la grande Pologne et Courlande ».

La courte citation qui précède suffit pour démontrer l'intérêt puissant qu'avait l'électeur de Saxe et roi de Pologne à être exactement et journellement tenu au fait de qui se disait et se faisait à Berlin.

Comme en fait foi la correspondance volumineuse conservée aux archives de Dresde, ce fut à M. de Manteuffel qu'échut cette mission. Il s'en acquitta de la façon la plus brillante.

Conformément à une vieille tradition de famille que ses descendants — en particulier l'ancien stathalter — ont scrupuleusement observée, il était toujours à court d'argent. Par définition, il n'était donc pas homme à consacrer une partie — si minime fût-elle — de sa pension à entretenir des agents ou à soudoyer des consciences. Il recourut alors à un moyen original, en ce temps-là du moins, d'obtenir des renseignements authentiques et... gratuits.

Il fonda une loge maçonnique, portant le titre de *Confrérie des francs-maçons,* à la tête de laquelle il se plaça en qualité de vénérable, dont il recruta les membres, peu nombreux d'ailleurs, parmi tous les gros personnages de la capitale prussienne, et dont il rédigea lui-même les statuts. Ce détail avait son importance, à en juger par le seul article qui disait ceci : « Au cours des réunions, les membres s'exprimeront avec la plus grande franchise et se confieront mutuellement les secrets qu'ils détiennent ».

Les séances avaient lieu tous les mercredis. Elles étaient précédées d'un repas en commun, auquel assistaient les initiés, revêtus de leurs insignes. Ceux-ci consistaient en une grande écharpe de couleur brique, à laquelle était suspendue une truelle, et en un outil rappelant la profession de maçon. La truelle portait les inscriptions que voici : à l'envers, *Confrérie des francs-maçons*; au revers, *Coagulum amicitiæ est cum bonis convivium.* (Rien ne fortifie l'amitié comme de manger à la même table que des honnêtes gens.) En sa qualité de vénérable, M. de Manteuffel avait pour insigne particulier une équerre.

Au sujet de la composition de la loge — dont les membres étaient désignés par un surnom — on peut dire que la qualité compensait la quantité. C'étaient : MM. de Thulemeyer, excellence, conseiller de la cour et chef de la chancellerie intime, dénommé le *Bienveillant*; de Cocceï, excellence, président du tribunal suprême, dit le *Sage*; de Podevils, excellence, ministre du cabinet, dit le *Prudent*; de Wülknitz, conseiller intime, dit le *Zélé*; Splittgerber, conseiller, dit l'*Expérimenté*; de Holtzendorff, conseiller et secrétaire de la guerre, dit le *Laborieux*; de Brakel, ambassadeur de

Russie, dit le *Refléchi* ; et enfin le lieutenant-général de Grumbkow, ministre d'Etat, conseiller intime des finances, de la guerre et des domaines, lequel portait la dénomination aussi méritée que peu flatteuse de *Biberius*.

Le roi Frédéric-Guillaume Ier, grand amateur des réunions sans contrainte, ainsi que le prouvaient les célèbres *tabagies* de Potsdam et de Wusterhausen, ne tarda point à apprendre l'existence de la *confrérie*. Sans plus de façons, il fit notifier à Manteuffel « qu'il était disposé à y entrer ». Celui-ci, peut-être flatté de l'offre, n'en fut assurément pas enchanté, car dans une de ses lettres (1739) il manda à Dresde : « L'ambition de cette humble société n'allant point jusqu'à souhaiter un renfort de cette nature-là, d'autant plus qu'il y en a parmi, que Sa Majesté n'aime point personnellement, je crois que pour prévenir tout inconvénient, elle suspendra ses séances jusqu'au printemps. »

M. de Manteuffel ne dit pas dans les lettres postérieures ce qu'il advint des projets du roi. Toutefois, il parle d'un dîner auquel prirent part les F∴ énumérés ci-dessus et pendant lequel Frédéric-Guillaume tint à leur vénérable un langage assez étrange. Il avait été question de la guerre de la succession de Pologne, de la paix signée entre la France et l'empereur et des garanties offertes à ce dernier en compensation des pertes qu'il avait subies en Italie. Soudain, Frédéric-Guillaume Ier s'écria :

— Des garanties par-ci, des garanties par-là! Qu'est-ce qu'une garantie? C'est un traité. Or, vous savez aussi bien que moi qu'un traité ne s'observe jamais. Alors qu'on le fait, on songe déjà aux moyens d'en éluder les stipulations.

Et se tournant vers M. de Manteuffel, il lui demanda s'il avait connaissance d'un seul instrument de ce genre qui eût été rédigé sans arrière-pensée. L'autre lui fit une réponse dilatoire, mais Frédéric-Guillaume revint à la charge, si bien que son interlocuteur, à bout de ressources, lui répondit par le fameux argument :

— N'observez-vous pas les traités que vous avez signés ?

Contrairement à son attente, le roi lui déclara ceci :

— En toute occasion, j'ai eu l'intention bien arrêtée de tenir ma parole. Cependant, le souci de la vérité m'oblige à vous avouer qu'à mon grand regret je l'ai toujours violée. Ainsi, par exemple, j'avais juré solennellement au tsar (Pierre Ier) de ne jamais déserter sa cause, ni de conclure une paix séparée avec la Suède. Or, j'ai fait juste le contraire. Ce n'était pas bien de ma part, mais comment résister à mes ministres qui me poussaient à signer ?

M. de Manteuffel, tout diplomate qu'il fût, demeura étonné de cette franchise brutale, et en transmettant à Dresde le compte rendu de cette conversation, déclara qu'il la rapportait « afin de démontrer qu'il se fait et dit ici, par pure inattention, bien des choses si extraordinaires, qu'on les traiterait de fables si l'on n'en était témoin auditeur, et que, par conséquent, il ne faut pas en être surpris, ni en inférer d'abord des desseins cachés ».

A part les renseignements qu'il tirait de sa loge, il en obtenait d'autres, vraisemblablement peu importants, du prince royal (Frédéric II), avec lequel il entretenait un commerce intime et une correspondance suivie. Par surcroît, le nouveau roi, Frédéric-Auguste II, avait fait écrire par son ministre, le comte Brühl, qu'il désirait être renseigné sur les moindres événements qui se passeraient à la cour de Berlin « puisque ces sortes de particularités, en divertissant, ne laissent pas que d'instruire en même temps et de mettre au jour les caractères et sentiments naturels des acteurs ». M. de Manteuffel chercha donc un auxiliaire parmi l'entourage direct de la famille royale et finit par en trouver un en la personne d'un fourrier de la cour, qui se chargea de lui rapporter chaque jour ce qui se passait au château. (D'après les comptes détaillés fournis par M. de Manteuffel, chaque renseignement était payé à raison de un ducat.)

Non content d'avoir à sa disposition ces trois sources d'information, il s'en procura encore une quatrième, en créant (1736) une association de philosophes et de savants, qu'il dénomma « Société des Aléthophiles (1) (amis de la vérité), et dont le but avoué était de prendre la défense du professeur de philosophie Wolf contre les persécutions auxquelles il était en butte de la part des théologiens et, par ricochet, de Frédéric-Guillaume Ier et de son entourage.

(1) Chaque membre de la société possédait une médaille dont Manteuffel avait donné le modèle. Elle avait les dimensions d'un thaler et portait à l'avers un buste de Minerve sur le casque de laquelle on voyait les portraits de Leibnitz et de Wolf, en exergue la devise : *Sapere aude* ; le revers portait simplement cette inscription : *Societas Alethophilorum ab Ernesto Christophoro Manteuffel S. R. I. C. instituta Berolini MDCCXXXVI.*

Grâce aux dispositions qu'il avait prises, le service des renseignements fonctionna à merveille, sauf pendant quelques mois, dans le courant de 1736, parce que le roi, informé qu'un propos tenu par lui certain soir au Club des Fumeurs avait été ébruité, avait supprimé les *tabagies* accoutumées, ainsi qu'en fait foi le passage suivant d'une lettre de Brühl à Manteuffel : « Il est à souhaiter que les tabagies redeviennent à la mode, pour que les anciens canaux, par lesquels V. E. a pu transpirer jusqu'ici les sentiments secrets de la cour de Prusse, ne nous deviennent pas tout à fait inutiles. Cependant, je ne doute nullement que V. E. ne trouve aussi le moyen de faire parler cette sorte de gens auxquels le roi de Prusse paraît vouloir à l'avenir faire confidence de ses secrets. »

Cette « sorte de gens » se composait de trois individus : un bourgmestre qui, dans sa jeunesse, avait été laquais; un vitrier, connu de tout Berlin à cause de son esprit; et un nommé von Graben zum Stein, surnommé *Astralicus*, agent à la solde de l'Autriche, et au dire de Manteuffel, « un bouffon fort sot et grossier, la perle des sots ennuyans ». Le roi, qui les avait crus « de meilleure foy et plus discrets que les gens de qualité et les officiers », ne tarda point à les renvoyer et à reprendre ses anciennes habitudes, au plus grand profit du héros de ce récit.

A partir de ce moment, il n'y eut plus d'anicroches dans le service, et à en juger d'après la correspondance accumulée aux archives de Dresde, l'on est en droit d'affirmer qu'en 1740, l'année où mourut Frédéric-Guillaume Ier, la cour de Saxe avait une collection complète de fiches sur le Tout-Berlin de l'époque.

Mais à l'avènement de Frédéric II, la situation changea radicalement. Le jeune souverain, qui très probablement avait été averti des agissements de M. de Manteuffel, commença par lui témoigner une grande froideur, et au bout de quelques mois, lui fit notifier d'avoir à quitter Berlin.

Le coup était rude pour l'homme auquel le même prince adressait peu de temps auparavant des compliments en vers et des invitations telles que la suivante :

> Peux-tu te contenter de la soupe frugale
> Dont chez moi, le midi, ma femme me régale?
> Viens à tems et sois seur que c'est ta bonne humeur
> Qui fera du repas la joye et la douceur,
>
> FRÉDÉRIC.

M. de Manteuffel mourut à Leipzig, le 30 janvier 1749.

COMMENT S. A. S. LE PRINCE DE SOLMS

FUT GUÉRI DE SON BÉGAIEMENT

Le 29 mai 1754, jour de la Saint-Maximin, un seigneur d'extérieur majestueux se prélassait à une fenêtre du premier étage de l'hôtellerie Zum Weidenhof, la mieux fréquentée de Francfort-sur-le-Mein à cette époque. Ce personnage n'était autre que Son Altesse Sérénissime Frédéric-Guillaume, prince de Solms-Braunfels, seigneur de Greifenstein Lichtenstein, Hungen, Tecklenburg et autres lieux, que des affaires urgentes avaient attiré dans l'illustre ville libre et impériale.

Son Altesse avait bien déjeuné et faisait la digestion en suivant d'un œil amusé le grouillement de la foule dans la Zeil qui était, en ce temps-là déjà, le centre de la vie francfortoise. Tout à coup l'attention du prince, éveillée par les stridentes fanfares d'un cornet de postillon, se concentra sur une élégante berline attelée de deux alezans magnifiques et pleins de feu, qui semblait se diriger vers le Weidenhof. Déjà l'hôtelier vigilant, suivi de quelques domestiques, était à son poste sous la porte cochère. Dès que l'équipage se fut arrêté, il se précipita à la portière, l'ouvrit et, le bonnet à la main, après mille courbettes, révérences et autres manifestations respectueuses, s'empressa d'aider à descendre de voiture un homme encore jeune, à la physionomie bienveillante et fine mais à l'air timide et qui était vêtu avec la dernière élégance. L'accueil prévenant dont ce voyageur était l'objet ne manqua pas d'éveiller la curiosité de Monseigneur, qui, sans perdre un instant, sonna l'hôtelier. Celui-ci ne tarda point à se montrer dans l'encadrement de la porte, et, souriant mais respectueux et digne, attendit qu'on voulût bien l'interroger.

— Co... co... co...

— Je supplie Votre Altesse Sérénissime de ne pas se fatiguer, interrompit le propriétaire du Weidenhof, se rappelant avec un heureux à-propos que S. A. S. était affligée d'un bégaiement épouvantable. Je sais ce que Monseigneur veut me demander. La personne qui vient d'arriver dans ce bel équipage n'est autre que M. Trips, le richissime Wilhelm Trips, auquel appartiennent presque tous les hauts-fourneaux, fonderies et forges de la Wettéravie. Du reste, je ne crois pas me tromper en disant qu'il exploite même des établissements appartenant à la noble maison de Solms.

— C'est... vrai... articula péniblement le prince. Je... le... connais... de... nom.

— Monseigneur a-t-il quelque ordre à faire transmettre à M. Trips ? demanda l'hôtelier.

— Ou... oui... Je...

— Votre Altesse Sérénissime désirerait peut-être le voir? fit obligeamment l'autre en voyant les efforts désespérés de son noble hôte.

— Oui... oui... et du doigt le prince montra un salon attenant à la pièce où cette conversation avait lieu.

— Les ordres de Votre Altesse vont être exécutés immédiatement.

Aussitôt sorti, l'hôtelier qui, d'après les récits du temps, était un rusé compère, se livra dans l'escalier à une pantomime des plus expressives et, pris d'un rire convulsif, tint une conduite en singulier désaccord avec les mines confites qu'il avait eues en la présence de M. de Solms. Tandis qu'il s'esclaffait, on l'entendit monologuer à peu près en ces termes :

— Voilà une singulière aventure, une plaisante rencontre s'il en fut! Comment vont-ils se tirer de là? Son Altesse qui ne peut pas dire quatre mots de suite... je... je... je... Non, c'est trop drôle... Et Trips, non, non, non, Trips qui bégaie encore davantage... si c'est possible toutefois ! Je donnerais je ne sais quoi pour assister à cette entrevue... mais les affaires avant tout, soyons sérieux.

Ainsi que l'avait dit l'hôtelier en son monologue, M. Wilhelm Trips, comblé par la fortune et jouissant de tous les agréments extérieurs désirables, était le plus malheureux des hommes. Il bégayait si affreusement qu'à aucun moment de son existence il n'avait été capable de prononcer son nom. Le propriétaire du « Weidenhof » n'exagérait donc point en assurant que l'entrevue de ces deux affligés aurait un côté piquant.

Un quart d'heure ne s'était pas écoulé que M. Trips pénétrait dans le salon où le prince, dans une attitude noble, était planté sous le grand lustre. Le maître de forges, très intimidé, commença par lui adresser un nombre infini de révérences, puis, croyant avoir satisfait aux exigences de l'étiquette la plus sévère, après s'être à moitié redressé, coula un regard du côté de M. de Solms, et attendit que celui-ci voulût bien lui adresser la parole.

Monseigneur, qui n'avait point bougé depuis le commencement de la cérémonie, paraissait éprouver des souffrances terribles. Le visage en feu, les yeux à demi sortis de leurs orbites, il grimaçait affreusement, parfois s'étreignait à deux mains la gorge, et aussitôt après, d'un geste convulsif, épongeait son visage inondé de sueur.

Trips avait de l'usage, malgré son nom commun, et pour rien au monde n'aurait voulu adresser le premier la parole à son illustre interlocuteur. Néanmoins, en son for intérieur, il se disait que celui-ci en prenait véritablement à son aise, et il en venait à se demander si l'hôtelier, victime d'une erreur, ne l'avait pas fait venir à la place d'un médecin. Tandis qu'il se livrait à ces réflexions, le prince, qui ne se sentait plus observé, surmontait son trouble et disait enfin :

— Je... vous... Je... vous Je... vous...

Et ce fut tout.

Encouragé par ce début, et comprenant enfin que le prince avait de la difficulté à parler, Trips, dans le but louable de lui venir en aide, esquissa une nouvelle courbette, et voulut à son tour prendre la parole.

— Je... vous... Je... vous... Je... vous...

Mais il ne put en dire plus long, car il s'aperçut

alors que M. de Solms lui lançait un regard foudroyant. Après avoir cherché sans résultat les motifs qui avaient pu exciter la colère de S. A. S., et voulant couper court à cette situation pénible, il reprit au bout d'un instant ;

— Je... vous... Je... vous...

Et il aurait longtemps continué sur ce ton, s'il n'avait été interrompu avec la dernière brutalité par le prince qui, fou de colère, lui montrait la porte en hurlant :

— Moi aussi ! F... moi le camp, et plus vite que cela !

L'ordre était si formel que Trips ne songea pas à le discuter. En tacticien habile, soucieux de couvrir ses derrières, mais ne s'expliquant toujours pas la colère de M. de Solms, il battit en retraite face à l'ennemi.

Le prince, ignorant l'infirmité de Trips, avait d'abord cru que celui-ci le singeait, puis, la fureur aidant, s'était imaginé qu'il voulait lui dire, à mots couverts, une grossièreté. De là, cette explosion, et... résultat inattendu, sa complète guérison.

A partir de ce jour, il parla comme tout le monde, d'autres prétendent même qu'il devint extrêmement bavard et le demeura jusqu'à sa mort, qui advint en 1761, le 26 de février. Moins heureux que lui, le maître de forges resta bègue toute sa vie, et ne comprit jamais rien à ce qui s'était passé.

UNE DÉSERTION EN MASSE
(1757)

Au début de la guerre de Sept ans, Frédéric II, se jetant à l'improviste sur la Saxe, occupa Dresde et mit le blocus devant la forteresse de Pirna, où l'électeur Frédéric-Auguste II s'était réfugié avec son armée. Celle-ci, dont l'effectif atteignait environ quinze mille hommes, dut capituler le 17 octobre 1756 alors que ses vivres étaient épuisés depuis quelques jours. L'électeur de Saxe, qui était aussi roi de Pologne, fut autorisé à se retirer avec ses fils à Varsovie ; les officiers eurent le choix : ceux qui voulurent se retirer dans leurs foyers durent signer un revers, tandis que les autres furent admis à servir avec leur grade dans l'armée prussienne. Quant aux soldats... on ne leur demanda pas leur avis et on prit à leur égard une mesure dénotant une certaine légèreté de la part de ses auteurs. En effet, les bataillons et régiments furent conservés tels quels et l'on se contenta de les encadrer par des officiers et quelques sous-officiers prussiens.

Or les soldats n'étaient point des mercenaires étrangers, c'étaient des enfants du pays, des Saxons, dévoués de corps et d'âme à leur souverain légitime. Frédéric le Grand, à qui cette nuance avait échappé, ne tarda point à saisir l'erreur qu'il avait commise, mais il était trop tard pour la réparer, car, en moins d'un an, la presque totalité des quinze mille hommes s'étaient évaporés. On saura un peu plus loin ce qu'ils étaient devenus. Après la capitulation de Pirna, lorsqu'on avait annoncé aux régiments qu'à partir de ce jour ils entraient au service de Sa Majesté prussienne, on leur avait promis solennellement qu'ils resteraient dans leur pays et qu'ils y seraient uniquement employés au maintien de l'ordre. Malgré l'époque, les sous-officiers et les soldats furent vivement blessés de cette mesure. Seulement, privés de leurs véritables chefs, parce que la majeure partie des officiers saxons avaient refusé d'entrer au service prussien, ces braves gens s'inclinèrent devant la nécessité, mais en se réservant d'agir à leur guise le jour où s'offrirait à eux une une occasion de brûler la politesse aux vainqueurs. Cette occasion ne tarda point à venir et alors se passa une chose dont il y a peu d'exemples dans l'histoire militaire du monde entier.

Peu soucieux de la parole donnée, encouragés d'ailleurs par l'apparente soumission des nouveaux régiments, les généraux prussiens leur firent connaître un beau jour (mars 1757) qu'ils seraient prochainement déplacés et envoyés à Berlin, afin de protéger la capitale contre une agression possible des Russes. A peine cette nouvelle connue, l'agitation se mit dans les rangs saxons, agitation sourde qui échappa complètement aux officiers prussiens.

Les fractions appelées à marcher les premières étaient : le 2ᵉ bataillon du régiment Frédéric-Auguste, cantonné à Guben, le 1ᵉʳ bataillon du même régiment à Lübben, et le 1ᵉʳ bataillon du régiment Prince Xavier, à Cottbus. Le branle fut donné par le bataillon stationné à Guben qui prit ses dispositions avec une intelligence remarquable et — chose admirable — sans qu'il se trouvât parmi les cinq cents intéressés un traître pour aller avertir les Prussiens de ce qui se tramait contre eux.

Après en avoir délibéré avec leurs anciens sous-officiers, les soldats achetèrent de leurs deniers du plomb et de la poudre. Un *capitaine d'armes* leur procura des moules et, à tour de rôle, la nuit, dans les logements on fondit les balles et confectionna les cartouches nécessaires. On envoya des émissaires informer le 1ᵉʳ bataillon, à Lübben, de ce que l'on avait l'intention de faire et il fut décidé que le jour où l'ordre viendrait de partir pour Berlin, un coup de fusil tiré en l'air serait le signal auquel tout le monde devrait se réunir aussi promptement que possible sur un point déterminé situé en dehors de la ville. A peine ces dispositions étaient-elles arrêtées, que, le 27 mars, dans la soirée, les ordres furent donnés en vue du mouvement à effectuer. Le lendemain à six heures du matin, le bataillon se mit en route sans que rien trahît les plans des conjurés. Au bout d'une heure de marche, un soldat nommé Uhlichs, bien connu de tous parce qu'il était le plus grand des hommes du bataillon, coucha en joue le lieutenant-colonel de Zittwitz et tira ; mais un sergent-major prussien, qui avait vu son geste, fit dévier le coup. Aucun des officiers ne parut s'apercevoir de ce qui avait eu lieu. Une heure plus tard, à l'embranchement de la route menant à Berlin, la mutinerie éclata. Les officiers prussiens ayant voulu intervenir, ils furent accueillis à coups de fusil et au cri de « Vive Auguste roi de Pologne, nous n'irons point à Berlin, nous rejoignons notre souverain. » Réduits à l'impuissance et craignant pour leur vie, les gradés prussiens tirèrent au large, pendant que les Saxons, courant aux voitures qui les suivaient, se munissaient de cartouches à raison de quarante par homme. Ceci fait, la colonne s'ébranla dans le plus grand ordre, et retourna à Guben pour y prendre les malades et quelques hommes laissés dans cette ville. Ensuite la marche fut reprise jusqu'à Schidlo (Schiedlo, sur l'Oder), où l'on se reposa. Comme il fallait un chef, on procéda pendant cette halte à son élection. D'un accord unanime, le commandement fut confié au sergent Christian-Auguste Richter. Celui-ci prit aussitôt ses mesures pour assurer le passage de l'Oder. Il réquisitionna des bateaux, fit brûler les voitures qui auraient gêné sa marche et, en un mot, s'arrangea si bien que, dès sept heures du soir, il se trouva sur la rive droite du fleuve avec son monde au complet. Il avait eu soin en quittant Schiedlo d'emmener un guide connaissant bien le chemin de Pologne. Sans prendre le temps de manger, on repartit aussitôt et on marcha toute la nuit, faisant le moins de bruit possible pendant la traversée des villages silésiens. Le 29 mars, dès huit heures du matin, apparurent des troupes de paysans, qui essayèrent de barrer le chemin aux déserteurs ; mais cette imprudence leur coûta cher, car les Saxons leur envoyèrent quelques salves réussies. Vers midi, le bataillon, qui ne s'était pas arrêté un seul instant se vit dans la nécessité de prendre une formation de combat ; il avait alors à ses trousses plus d'un millier de paysans commandés par des gentilshommes du pays. Après une lutte assez meurtrière pour les deux partis et qui se termina par la défaite des Prussiens, on fit une courte halte afin de permettre aux éclopés de rejoindre, après quoi l'on reprit la marche avec une si belle énergie que le même jour, vers neuf heures du soir, on atteignit la frontière polonaise à Schermeisel. Ces braves gens, qui avaient marché sans interruption depuis la veille à six heures du matin, avaient livré plusieurs combats et parcouru 110 kilomètres environ en quarante heures.

A la suite de ceci, le sergent Richter fut nommé capitaine, et les hommes du bataillon reçurent une gratification. Le premier bataillon du même régiment, stationné à Lübben, avait pris l'engagement de suivre l'exemple du 2° bataillon. Il fut mis en route le 29 mars à huit heures du matin. A peine sortis de la ville, des hommes crièrent qu'ils ne voulaient point aller à Berlin. En entendant ceci, les officiers prussiens, qui avaient été informés des incidents de Guben, ramenèrent le bataillon à Lübben et firent rentrer les compagnies dans leurs cantonnements. Cet ordre fut exécuté, mais au bout d'un instant une quinzaine d'anciens soldats se réunirent sur la place d'armes et obligèrent les tambours à battre la générale. A cet appel, tout le monde accourut et le rassemblement se fit en dehors de la ville, près de la porte dite de Guben, que l'officier de garde avait essayé de faire fermer. A l'instant où le bataillon allait s'ébranler, un jeune soldat observa qu'il ne fallait pas abandonner les camarades enfermés dans les locaux disciplinaires. Accompagné de trente hommes, il rentra en ville et délivra les prisonniers qui reprirent leur place dans le rang, puis on partit, non sans avoir bousculé tant soit peu les officiers prussiens qui avaient essayé d'intervenir. Le sergent Christian Heinrich Sécher avait été nommé commandant de la troupe. Ce chef improvisé se montra pour le moins aussi habile que son camarade Richter. Il se fit éclairer par une avant-garde, emmena des voitures pour transporter les éclopés et assura l'alimentation de son monde. Vers sept heures du soir, le bataillon était à Liberosa, où il toucha des vivres. Aussitôt cette opération terminée, il repartit, marcha toute la nuit sans arrêt et arriva le 30, vers sept heures du matin, à Ratzdorf sur l'Oder, où il eut beaucoup de mal à trouver des barques, parce que dans la nuit les autorités, prévenues de ce qui avait eu lieu à Schiedlo, les avaient envoyées sur la rive droite. Ceci n'arrêta point le sergent Secher. Il s'y prit si adroitement qu'à neuf heures du matin, c'est-à-dire deux heures plus tard, il avait passé l'Oder avec tout son monde. Après avoir dispersé quelques bandes de paysans qui avaient fait mine de vouloir lui barrer le passage, il continua sa route, marcha toute la nuit suivante en observant les plus grandes précautions et atteignit dans l'après-midi du 31 mars le village de Schermeisel, après avoir parcouru en quarante-huit heures de marche ininterrompue près de cent quarante kilomètres. Après avoir distribué à ses hommes les vivres préparés à leur intention, il se disposait à leur accorder quelques heures de repos, lorsque le bruit se répandit que cinq cents hussards prussiens accouraient et allaient l'attaquer. Aussitôt on reboucla les sacs et l'on repartit. Après avoir marché toute la nuit, le bataillon entra le 1er avril dans la matinée à Meseritz où il fit sa jonction avec le 2e, qui y était arrivé depuis la veille. Quelques jours plus tard, à Kosterzyn, des officiers de la suite royale apportèrent à Secher son brevet de capitaine et distribuèrent de l'argent aux hommes.

Le bataillon du régiment Prince Xavier, en garnison à Cottbus, qui avait eu particulièrement à se plaindre des officiers prussiens mais qui n'avait rien su du complot ourdi par le régiment Frédéric-Auguste, fut mis en route le 29 mars à destination de la Silésie. Le soir, en arrivant au gîte d'étape de Forsta, les soldats furent informés par les habitants de ce qui s'était passé à Guben et à Lübben, et aussitôt les esprits entrèrent en fermentation. Malgré les efforts des sous-officiers saxons et de quelques vieux soldats, les autres manifestèrent aussitôt leur allégresse par des chants et des cris, et ceci ne manqua pas d'éveiller la méfiance des gradés prussiens. Renseignés à leur tour sur ce qui avait eu lieu, ils voulurent d'abord enlever les cartouches à leurs hommes. Il en résulta des actes d'indiscipline qui bientôt dégénérèrent en une véritable révolte. Le 30 mars, au départ de Forsta, le calme semblait de nouveau régner parmi la troupe. Elle parcourut dans le plus grand ordre un mille allemand (environ sept mille cinq cents mètres), lorsque tout à coup, une fois engagés dans la forêt de Sorau, les hommes se mirent d'un commun accord et dans le plus grand silence à charger leurs fusils tout en continuant à marcher. Au sortir du bois, un coup de feu partit et en même temps des voix nombreuses crièrent : « Tout Saxon honnête n'ira pas plus loin et nous accompagnera en Pologne. » En un clin d'œil, la colonne fit demi-tour, s'empara des voitures et pilla les bagages des officiers, ne laissant intacts que ceux du capitaine de Steinsdorf, lequel s'était montré humain en toutes circonstances.

Les officiers prussiens essayèrent de parler aux hommes et de les faire revenir à d'autres sentiments. La plupart d'entre eux furent sourds à leurs appels et menacèrent de les tuer. Voyant l'inutilité de leurs efforts, ces officiers se retirèrent sans être inquiétés ni molestés. Seul le lieutenant Grunski, détesté de ses hommes, avait eu le bras cassé d'un coup de fusil. De son côté, le bataillon partit aussitôt, emmenant ses voitures et deux drapeaux. A Pfoerten on prit un guide et à Guben, où les habitants avaient préparé des vivres et des boissons, on fit halte pour se restaurer. Au milieu de la nuit, on atteignit Schiedlo, dont la population, instruite par l'expérience des jours précédents, mit tout en œuvre pour faciliter le passage de l'Oder. La marche fut reprise ensuite et continuée jusqu'au soir, malgré les efforts des paysans silésiens qui harcelaient incessamment la colonne. A la tombée de la nuit, quelqu'un ayant annoncé l'approche de hussards et de gendarmes prussiens, il y eut un moment d'hésitation. Le sergent Knabe, voyant le péril de la situation, sortit alors du rang et dit : « Si vous voulez m'obéir en tout ce que je vous commanderai, je vous promets de vous tirer de là. » Cette proposition fut acclamée et aussitôt Knabe reforma les compagnies et le bataillon et prit ses mesures en vue de résister aux Prussiens. Après avoir disposé son monde en rectangle, il fit reprendre la marche. Elle s'exécuta en « si bel ordre et avec une si bonne contenance » que les Prussiens ne tentèrent pas d'attaque sérieuse contre le bataillon. Dans chaque village que l'on traversait, les paysans étaient sur pied, mais l'attitude des Saxons leur imposa tellement qu'ils se bornèrent à leur envoyer de loin des coups de fusil qui ne leur firent pas grand mal. Après trois jours et deux nuits de marche ininterrompue, le bataillon atteignit la frontière polonaise. Il avait parcouru d'une seule traite environ cent quarante kilomètres, ne laissant en route qu'une trentaine d'éclopés. De même que Richter et Secher, Knabe fut nommé capitaine, et les hommes, félicités par le prince, chef de leur régiment, reçurent des gratifications.

Les trois bataillons évadés du service prussien comptaient ensemble quatorze cents hommes à leur entrée en Pologne. L'exemple qu'ils avaient donné ne demeura point perdu, car, à partir du jour où leur conduite fut parvenue aux oreilles des autres soldats saxons, ils se mirent à déserter par bandes, si bien qu'à la fin de l'année 1756, des quinze mille hommes pris à Pirna, Frédéric II n'en avait plus guère qu'un millier sous ses drapeaux. Tous les autres avaient passé en Pologne ou en Hongrie où ils avaient trouvé des officiers saxons chargés de les recueillir. Ces mêmes hommes servirent à reconstituer les anciens régiments et, à la solde de la France, prirent une part glorieuse au reste de la guerre de Sept ans (1), notamment aux affaires de Lutterberg, Minden et Würzbourg.

(1) Cf. les relations authentiques qui figurent au *Fonds de Saxe* (archives de l'Aube).

DEUX MAÎTRES ESPIONS

AU TEMPS DE LOUIS XV

Le public français, toujours galant envers ses ennemis et confiant en leurs paroles, s'est imaginé, s'imagine peut-être encore aujourd'hui, qu'à l'époque de Rosbach l'organisation des armées de Louis XV était déplorable, et tient pour exacte l'affirmation de Frédéric le Grand : « Soubise a cent cuisiniers et un seul espion, tandis que j'ai cent espions et un seul cuisinier. »

Ce n'était qu'une boutade et rien de plus, car, en maintes occasions, par la suite, le célèbre monarque dut constater — à ses propres dépens — que le service des renseignements, autrement dit le système d'espionnage français, fonctionnait à merveille.

« Sa sacrée majesté le hasard », ce précieux auxiliaire des généraux (s'il faut en croire le même Frédéric), n'a pas de faveurs que pour eux, car il en réserve parfois aux chercheurs. Grâce à une de ces bonnes fortunes, malheureusement trop rares, il a été possible de retrouver et de suivre la piste, assez embrouillée, il est vrai, d'un être extraordinaire, plein de génie, qui a été précisément l'organisateur du service des renseignements sous Louis XV. Par la même occasion, car il n'y a pas de bon drame sans traître, a été révélée la figure très curieuse d'un émule du précédent, son ennemi acharné, son détracteur infatigable. Tout est curieux dans l'histoire du premier de ces personnages, et l'on peut affirmer sans crainte que peu d'existences ont été aussi mouvementées que la sienne. Quant à l'autre, malgré son rôle funeste, il est et reste une figure de second plan, et reçoit, comme au théâtre, la juste punition de ses crimes.

Au début de la guerre de la Succession d'Autriche, lors des opérations qui devaient amener la chute de Prague, Maurice de Saxe, commandant l'aile gauche de l'armée aux ordres de M. le maréchal de Belle-Isle, avait remarqué un militaire bavarois, un enfant, à vrai dire, nommé Thürriegel, qui, en différentes occasions, avait fait preuve d'une audace inouïe jointe à un coup d'œil et à un sang-froid étonnants.

Le futur vainqueur de Fontenoy, plus connaisseur en hommes qu'en orthographe, n'avait pas manqué de faire appeler le jeune volontaire et s'était entretenu longuement avec lui. A défaut de renseignements exacts sur les propos échangés à cette occasion entre les deux interlocuteurs, l'on ne peut que se livrer à des suppositions sur la nature de cette conversation. Cependant, elles ont bien des chances d'être fondées, car nous savons que Thürriegel, en sortant de cette conférence, avait emporté une commission l'autorisant à lever en son nom une compagnie franche et « à prendre toutes dispositions voulues pour instruire M. le maréchal et MM. les officiers généraux placés sous ses ordres de la situation ou des mouvements de l'ennemi ».

La phrase précédente démontre que Thürriegel avait bel et bien été investi, en la circonstance, des fonctions de chef du service des renseignements.

Maurice avait eu la main heureuse, car, à partir de ce jour, l'armée française fut admirablement orientée sur les moindres faits et gestes des corps ennemis.

A la paix d'Aix-la-Chapelle (1748), notre homme, qui avait suivi son protecteur et l'avait aidé à prendre Berg-op-Zoom et Maestricht, rentra en France avec lui et fut successivement chargé de plusieurs missions importantes, dont il s'acquitta à merveille. En particulier, dans les années 1754 et 1755, il fut envoyé à Minorque pour étudier la situation et les défenses de cette île. Au retour de ce voyage, il fournit un rapport si exact et si détaillé que l'amiral de la Galissonnière, commandant l'escadre qui transportait l'armée du maréchal de Richelieu, se borna simplement à observer la ligne de conduite indiquée par Thürriegel. Il n'eut pas lieu de s'en repentir, car ses opérations furent couronnées d'un plein succès.

Le débarquement des troupes se fit sans encombre à l'endroit désigné par ce dernier et, après la victoire de la Galissonnière sur la flotte de l'amiral Byng, Port-Mahon fut brillamment enlevé par Richelieu. Grâce aux multiples services de ce genre qu'il avait rendus un peu sur tous les théâtres de guerre, le *capitaine* — c'était ainsi qu'on l'appelait — s'était acquis une légitime réputation. Il aurait été le plus heureux des mortels, s'il n'avait rencontré sur son chemin, plus exactement, s'il n'avait côtoyé dans sa carrière un de ses compatriotes bavarois, un nommé Gschray (certains écrivent Geschray), passé en même temps que lui (1741) à la solde de la France, investi comme lui d'un commandement de troupes franches, rempli de talents militaires, mais affligé d'un caractère envieux et bas, et capable de toutes les vilenies, ainsi que l'on s'en apercevra par la suite de ce récit très abrégé.

Le jour même où Louis XV, foulant aux pieds les anciennes traditions de la diplomatie française, conclut avec l'Autriche l'alliance déplorable que l'on sait, Thürriegel, au grand déplaisir de Gschray, reçut mission d'organiser le service des renseignements en Allemagne. A cet effet, il fut investi de pouvoirs en quelque sorte illimités.

D'après un contemporain, le capitaine prussien d'Archenholz, qui, vers la fin de la guerre, eut des relations suivies avec lui, « Thürriegel choisissait lui-même ses agents, en tel nombre qu'il lui plaisait. C'était lui qui leur assignait leur rôle, qui fixait leurs émoluments et qui les leur payait. Installé en un point central, d'où il expédiait ses ordres et où venaient converger les rapports de ses espions, il comparait les renseignements qui lui parvenaient de toutes parts et les épluchait avec une sagacité et une pénétration si extraordinaires que les généraux français ne pouvaient jamais éprouver de doutes sur les intentions de leurs adversaires. »

Ses deux principaux centres étaient Erfurt et

Gotha. Lorsqu'il s'absentait, — et le cas se présentait fréquemment, parce qu'il avait une confiance médiocre en l'honnêteté de ses subordonnés — un de ses lieutenants prenait sa place, recevait les dépêches, et après avoir contrôlé les renseignements, les transmettait aux quartiers généraux. En plus des agents qui battaient la campagne et s'accrochaient aux armées ennemies, il en avait d'autres qui ne sortaient pas de districts nettement délimités; enfin il s'était assuré le concours d'indicateurs choisis dans toutes les classes de la société (Archenholz affirme qu'il en entretenait un grand nombre dans les couvents et les presbytères allemands).

Passé maître en l'art de se grimer, il se mettait en route aussitôt qu'un soupçon germait dans son esprit, toujours en éveil, soit que la fidélité d'un agent lui inspirât des doutes, soit qu'il y eût désaccord entre les renseignements ou que la situation lui parût équivoque. Rien ne l'arrêtait et bien des fois on le vit, au beau milieu des lignes ennemies, opérer tranquillement à la barbe des émissaires et des officiers prussiens, auxquels, cependant, les avertissements ne manquaient pas.

Muni de passeports et de sauf-conduits irréprochables, avec cela porteur de recommandations au bas desquelles figuraient les signatures d'ambassadeurs et de ministres accrédités par des puissances neutres, il parcourut à un moment donné toute l'Allemagne du Nord, s'insinua dans les camps ennemis et parvint même à s'introduire dans les forteresses les plus sévèrement gardées. Plus fort que cela, il réussit un jour à pénétrer dans Magdebourg. Là, payant d'audace, il fit la connaissance du gouverneur, dont il ne tarda point à gagner la confiance et à devenir le compagnon inséparable.

Un soir, dînant à la table de cet *ami*, Thürriegel apprit aux invités la chanson que tous les soldats prussiens fredonnaient, depuis la victoire de Rossbach, et dont les échos n'étaient pas encore parvenus jusqu'à Magdebourg. Il en était au refrain :

> Soubise-bise-bise
> Ach! diese-diese-diese
> Schlage thun dir weh!

(Soubise... ah! ces coups te font bien mal!)

A ce moment-là précisément, on remit au gouverneur une lettre de Frédéric en personne, l'engageant à se tenir sur ses gardes « attendu qu'un espion français des plus habiles rôdait autour des forteresses prussiennes et cherchait à en surprendre les secrets ».

Le brave homme, qui n'y voyait pas malice, donna connaissance de cet écrit à son ami, et celui-ci en fit son profit. Jugeant qu'il serait téméraire de pousser les choses à l'extrême, et d'ailleurs possédant les renseignements dont il avait besoin, il décampa lestement et, sans avoir été le moins du monde inquiété, rentra dans les lignes françaises.

De pareils coups d'audace lui constituaient des droits indéniables à la reconnaissance des généraux et de Sa Majesté très chrétienne; aussi ne manqua-t-il point, en l'année 1760, d'écrire au comte de Lusace, au comte de Clermont-Tonnerre, au prince de Soubise et au maréchal de Belle-Isle, sollicitant leur entremise auprès du roi, pour lui faire obtenir « une gratification et une pension proportionnées à ses services, et, en outre, le brevet de lieutenant-colonel » que son compatriote Gschray possédait depuis quelque temps déjà. Sa requête fut-elle présentée maladroitement ou ses exigences furent-elles jugées trop grandes? On ne sait. Mais il est certain qu'il n'obtint pas complète satisfaction. Le grade lui fut conféré; quant à la gratification et à la pension, vu les temps mauvais, elles demeurèrent en souffrance. Et ce ne fut pas tout. Fâcheusement impressionnés par une demande émanant d'un homme qui les avait servis jusqu'alors d'une façon relativement désintéressée, les généraux, autrefois disposés à approuver tous ses actes, se mirent à l'observer de très près et n'hésitèrent plus à lui prodiguer des critiques, dont la plupart, il est vrai, leur furent suggérées par Gschray.

Ces mesquineries n'auraient peut-être pas tiré à conséquence, malgré les insinuations de ce dernier, si, par une sorte de fatalité, les apparences ne s'étaient mises contre sa victime.

Vers la fin de l'année 1761, trompé par le rapport d'un de ses agents, Thürriegel donna un renseignement qui fut reconnu faux. Par une coïncidence bizarre, à quelques jours de là, pareille mésaventure advint à Fischer, le célèbre chef de partisans. « Il fut trahi par un de ses principaux espions qui dénonça tous ses camarades à M. le prince Ferdinand (de Brunswick), ce qui le mit à portée de les faire tous arrêter le même jour et de faire un mouvement capital, dont Fischer ne put donner aucun avis. MM. d'Estrées et de Soubise, qui commandaient, lui en firent des reproches amers, et le taxèrent de trahison. Ce malheureux fut si sensible à cette imputation qu'il en tomba malade et en mourut au bout de quelques jours (1). »

Thürriegel, en sa qualité de Bavarois, n'eut pas les mêmes scrupules que le brave Alsacien. Un beau jour, il déserta et courut tout droit chez le roi de Prusse qui le reçut à bras ouverts et s'empressa de lui accorder les avantages demandés. L'autre en bon mercenaire, prit à cœur ses nouvelles fonctions et rendit bientôt aux Prussiens les services les plus signalés. Tout aurait donc été au mieux pour lui. Malheureusement, Gschray veillait.

A peine informé du brillant changement survenu dans la position du compatriote dont il croyait avoir consommé la perte, il n'hésita pas une minute. Quittant les rangs français dans lesquels il servait, non sans mérite, depuis vingt ans passés, il vint s'offrir à Frédéric le Grand qui, séance tenante, le nomma colonel et lui donna le commandement d'un corps franc ne comptant pas moins de 2.400 hommes.

Gschray se montra satisfait de son sort, jusqu'au jour où il fut obligé de s'avouer que Thürriegel jouissait parmi les Prussiens d'une réputation au moins égale à celle qu'il s'était acquise chez les Français. A partir de là, il n'eut pas d'autre préoccupation que d'écarter son rival.

S'autorisant de quelques avantages remportés dès ses débuts et qui lui avaient concilié la faveur du roi, il mit tout en œuvre pour circonvenir le plus défiant des monarques et ruiner dans son es-

(1) *Besenval*, I, page 105.

prit Thürriegel, qui, disait-il, « n'était entré dans l'armée prussienne que pour mieux la trahir. »

Ainsi qu'il fallait s'y attendre, et bien que l'autre n'apportât aucune preuve à l'appui de ses dires, Frédéric prêta l'oreille à ses calomnies et fit emmener à Magdebourg Thürriegel, qui n'y comprenait rien.

Toutefois, après réflexion, le roi décida que le prisonnier ne serait pas détenu à la citadelle, « mais pourrait librement circuler dans l'enceinte de la ville et continuerait à jouir de ses appointements et gratifications. »

Le plus curieux de l'affaire, c'est que ce roman d'espions eut le dénouement le plus moral.

A peine Gschray en fut-il arrivé à ses fins, que le malheur s'abattit sur lui. Successivement il éprouva des échecs sanglants jusqu'au jour où, surpris dans les environs de Nordhausen par un parti français, il fut fait prisonnier avec la presque totalité de ses hommes. Le roi de Prusse, furieux d'avoir accordé sa confiance à un tel maladroit, licencia les débris de son corps et les répartit entre quelques-uns de ses régiments.

Thürriegel demeura enfermé à Magdebourg jusqu'à la conclusion de la paix. (1763. Traité d'Hubertsbourg.)

A partir de là, on perd sa trace pendant quelques années; mais on la retrouve en 1767.

A ce moment, Olavide, le célèbre intendant général de l'Andalousie, s'occupait de peupler et de fertiliser la Sierra Morena.

C'est alors que nous voyons reparaître notre homme. Il entraîne à sa suite quelques milliers d'Allemands, principalement des Souabes, s'établit avec eux dans les *despoblados* (entre Séville et Cordoue) et crée de toutes pièces les colonies, encore aujourd'hui florissantes, de la Carolina, la Carlota et Fuente-Palmera.

Ce fut là, que, devenu soldat-laboureur, il termina par des Géorgiques une Iliade singulièrement accidentée.

LE COLONEL PRUSSIEN COLLIGNON

Sa Majesté prussienne se trouvait, au dire des historiens, en assez fâcheuse posture vers la fin de l'année 1757. Le 22 novembre, Schweidnitz avait ouvert ses portes aux Autrichiens ; le corps du duc de Bevern avait été anéanti, en quelque sorte, sous les murs de Breslau, puis, pour comble de malheur, cette forteresse avait dû capituler. De la sorte, Frédéric le Grand — qui allait, d'ailleurs, rétablir ses affaires grâce à une brillante victoire (Leuthen) — avait tout au plus une quarantaine de mille hommes à mettre en ligne contre ses nombreux adversaires.

L'argent ne lui faisait pas défaut, car, aussitôt maître d'une région, il lui imposait une contribution de guerre, sans préjudice des coupes qu'il pratiquait dans les bois, des séquestres dont il frappait certains biens communaux ou particuliers, et des fermages qu'il prélevait par avance, notamment en Saxe. En revanche, il ne trouvait plus d'hommes, car la nouvelle de ses revers, propagée rapidement, avait fait tarir les principales sources qui alimentaient le recrutement de son armée.

La situation était vraiment inquiétante. Aussi le plus sceptique des monarques, un certain jour de décembre 1757, accueillit-il assez favorablement les ouvertures d'un aventurier français, répondant au nom de Collignon.

Cet individu, sur l'état civil duquel tous renseignements font défaut, mais qui, d'après certains indices, devait être originaire de la région comprise entre Nancy et Metz, offrait de lui fournir des recrues en nombre aussi grand qu'il le désirait. Détail caractéristique, mais qui ne pouvait manquer d'intéresser au plus haut point un souverain aussi économe, Collignon ne demandait pas d'appointements. Il s'engageait, moyennant la concession du titre purement honorifique de colonel prussien et le paiement de la prime habituelle et des frais de route, à lui procurer des hommes « sains de corps et animés de bons sentiments militaires ».

Pas d'appointements !

La raison était convaincante, bien que le roi — pourtant si méfiant — eût dû s'expliquer difficilement les mobiles auxquels cet homme obéissait.

Soit dit en passant, les arrhes (*Handgeld*) données à chaque recrue (1) s'élevaient à une centaine de francs en moyenne ; quant aux frais de transport, variables suivant la distance, ils

---

(1) Cf. Mirabeau : *De la monarchie prussienne* ; J.-P.-B. Rouanet : *Von Toulouse bis Boeskow* ; J. Steininger : *Mémoires*.

dépassaient généralement de beaucoup la précédente somme.

Par quelle savante combinaison, grâce à quel *fourbi* ce colonel vivait-il et surtout faisait-il vivre les nombreux auxiliaires dont la coopération lui était indispensable ?

Frédéric, tel que nous le connaissons aujourd'hui, n'était vraiment pas homme à s'embarrasser de questions aussi banales. Au surplus, en admettant qu'il eût appris les agissements de Collignon, lui auraient-ils inspiré des scrupules, à lui qui ne devait pas tarder à inonder l'Allemagne de sa fausse monnaie ?

Un fait est patent : le colonel avait obtenu toutes les autorisations demandées et les payeurs des différentes provinces de la monarchie prussienne avaient été avisés d'avoir à solder, sans autre formalité, les mandats que lui ou ses lieutenants leur présenteraient au titre des primes d'engagement et des frais de transport.

Un mois s'était à peine écoulé depuis l'entrevue de Collignon avec le roi — on était aux premiers jours de l'année 1758 — que les recrues affluaient déjà dans les dépôts, tout particulièrement à Magdebourg. A la place des lamentables et rares convois de cinq ou six hommes ficelés, bâillonnés, amenés par des voitures de réquisition et surveillés étroitement par des sous-officiers armés jusqu'aux dents, on voyait arriver maintenant, sans escorte aucune, des bandes de gaillards heureux de vivre, chantant, riant et animés uniformément d'un vif désir d'être employés au plus tôt. Loin d'être empruntés comme le sont habituellement les soldats novices, ces jeunes gens se présentaient avec un aplomb superbe, chez les secrétaires des colonels et remettaient chacun, d'un air triomphant, un papier de format imposant, artistement calligraphié, revêtu de parafes extraordinaires, dame ensuite... Mais n'anticipons pas.

Ce Collignon — qu'il fût de Nancy ou de Metz — connaissait admirablement la nature humaine. Il s'était rendu un compte exact de la bêtise de ses contemporains, et avait découvert un moyen étonnamment simple de l'exploiter au plus grand profit de ses intérêts propres, sans nuire à ceux du roi qui le patronnait.

Une fois autorisé par Frédéric le Grand, il avait mis en campagne un nombre incalculable d'agents, français pour la plupart — avouons-le à notre honte — dont les plus notables étaient les sieurs de la Badie, Fontaine, Merlin et Estagnolle.

Collignon était passé maître en l'art de se grimer, et ses honorables acolytes possédaient vraisemblablement ce talent au même degré que lui. Bientôt on les vit opérer sur une vaste échelle dans tous les coins de l'Allemagne, parfois au beau milieu des lignes ennemies, où la présence de racoleurs parlant français ne pouvait, d'ailleurs, étonner personne.

Que ce fût en Souabe, en Franconie, dans les pays rhénans ou dans le nord de l'Allemagne, ces messieurs employaient des procédés uniformes et s'adressaient invariablement à la même catégorie de gens, c'est-à-dire à de jeunes étudiants, de petits employés, des courtauds de boutique, des fils de famille désœuvrés et autres badauds imbéciles qu'ils rencontraient sur leur chemin.

L'entrée en matière avec leurs victimes n'avait

rien qui pût embarrasser Collignon et ses rusés mandataires. C'était, en règle générale, un appel à la vanité de ces jeunes niais, une série plus ou moins longue de variations sur l'air du Renard et du Corbeau, puis l'offre directe, brutale, d'un grade dans l'armée prussienne.

— Voulez-vous une place de lieutenant ou de capitaine? dans l'infanterie, dans les cuirassiers, dans les hussards? Vous n'avez qu'à dire un mot et, séance tenante, je vous la donnerai. Sa Majesté me permet de conférer ces grades et la preuve, tenez... (En disant ces mots, il exhibait une liasse de brevets en blanc.) Je n'ai qu'à y inscrire votre nom. Muni de cette lettre de service, vous vous rendrez à Magdebourg, où vous serez remboursé de vos frais de route et mis en possession de votre emploi.

Presque toujours, les malheureux s'y laissaient prendre. Comme il leur fallait de l'argent pour leur voyage, ils n'hésitaient pas à voler leur père, leur patron ou l'administration qui les employait, n'ayant plus d'autre souci que de joindre au plus vite la glorieuse armée prussienne et de revêtir l'uniforme de ses officiers. Les pauvres inconscients ne tardaient pas à déchanter. L'histoire nous apprend, en effet, que, dès leur arrivée à Magdebourg, on les incorporait en qualité de simples soldats. « Toute résistance était inutile ; on les rouait de coups de bâton, jusqu'à ce qu'ils se déclarassent contents de leur sort. »

Collignon avait un esprit fertile en ressources. Lorsque, d'aventure, il traversait une région peu éloignée des lignes prussiennes, il joignait aux *volontaires* des espèces énumérées plus haut tout ce qu'il rencontrait sur son chemin, plus particulièrement des bergers. Des centaines de ces pauvres diables, surpris au milieu de la nuit, couchés dans leurs roulottes, furent enlevés ainsi. Par mesure de précaution, leurs ravisseurs clouaient ou ficelaient les couvercles de ces véhicules. Un de ces bergers, un gaillard d'une force prodigieuse, qui avait déjà mis à mal plusieurs auxiliaires de Collignon, ne put échapper à sa destinée. Lui aussi, fut victime de sa vanité.

Un jour à l'auberge, en présence de gens qu'il ne connaissait aucunement, il eut l'imprudence de vanter la puissance de ses muscles et d'exécuter quelques prouesses. L'un des étrangers — on a reconnu Collignon, n'est-ce pas? — lui proposa aussitôt un pari, lequel, cela va sans dire, fut accepté sans plus de réflexion.

L'épreuve consistait en ceci : le berger devait étendre les bras horizontalement, de façon que l'on pût faire passer sa houlette dans les manches de son habit, après quoi, pour tenir la gageure, il fallait qu'en ramenant les bras devant son corps, il brisât le manche de cette houlette. Mieux eût valu pour lui s'engager à prendre la lune avec les dents. Aussitôt le bâton insinué dans les manches, le gaillard se vit réduit à l'impuissance la plus absolue. Deux racoleurs l'empoignant par les bras l'emmenèrent sans qu'il pût même esquisser une tentative de résistance. La légende ajoute qu'en s'en allant avec son escorte, « ce crucifié ambulant avait l'air confus et très bête ». Cela paraît tout à fait vraisemblable. Par ces moyens, par d'autres encore dont la connaissance n'est pas venue jusqu'à nous, « Collignon procura au roi, pendant la guerre de Sept ans, soixante mille hommes ».

Il aurait été intéressant d'apprendre comment et où ce fameux colonel termina son aventureuse carrière, mais l'histoire est muette à ce sujet. En revanche, elle nous enseigne que plusieurs de ses collaborateurs, notamment les capitaines Fontaine et Merlin, ainsi que le lieutenant Estagnolle, finirent mal.

Impliqués, à la fin de 1761, dans la mutinerie des *étrangers prussiens* (un régiment d'infanterie, en majeure partie composé de Français), ils furent condamnés à mort et pendus... en effigie, à Leipzig. Trop malins pour se laisser prendre, ils avaient massacré leur colonel, un Prussien, et emmenant leurs canons, avaient gagné Altenbourg, puis la Franconie, où ils avaient pris, selon toute apparence, du service chez les alliés.

UN INCIDENT DE FRONTIÈRE
(29 décembre 1781)

Le 29 décembre 1781, une élégante berline attelée à quatre et au fond de laquelle se prélassait un voyageur aux allures distinguées, traversait à fond de train la grande rue d'Ehrenbreitstein et arrivait à l'entrée du pont de bateaux menant à Coblence. Après l'avoir franchi au pas, elle avait dû s'arrêter, le postillon ayant à verser entre les mains du péager le droit de passage. Tandis que cette transaction avait lieu, non sans échange de paroles un peu vives entre l'automédon et le fonctionnaire préposé à ce service par S. A. S. le prince-évêque de Trèves, le voyageur, mettant à profit cet arrêt inattendu, descendait de voiture, faisait quelques pas dans la direction d'une guérite, apparemment inoccupée, et disparaissait derrière elle.

Cette éclipse avait été de courte durée.

Après avoir vaqué à des occupations dans le menu desquelles il n'y a pas lieu d'entrer, il se disposait à rejoindre sa voiture, mais à ce moment, la sentinelle, jusqu'alors prudemment cachée au fond de sa carapace, secoua son indifférence et, prenant le voyageur au collet, lui déclara qu'elle l'arrêtait « pour insulte grave à S. A. S. le prince-évêque ».

Loin d'être émotionné par l'accusation dont il était l'objet, l'inconnu partit d'un éclat de rire.

— Soit, fit-il après un instant, arrêtez-moi, si cela vous amuse.

On l'emmena donc sous bonne escorte à Coblence, où on l'enferma dans la prison dénommée *das Stockhaus* (la geôle) et, sans l'avertir de ce qui se tramait contre lui, les autorités de la ville convoquèrent un conseil de guerre. Celui-ci entra en séance immédiatement et « jugeant que l'outrage aux couleurs de l'électorat était assez manifeste pour que l'on pût se dispenser de faire comparaître l'accusé », condamna ce dernier à la peine de mort, tout simplement.

Conséquent à lui-même, c'est-à-dire prompt en affaires, le conseil délégua aussitôt un de ses membres et le greffier pour donner connaissance à l'inculpé du jugement rendu contre lui. L'autre écouta sans broncher, et quand le greffier eut achevé sa lecture, il se contenta de lui demander :

— Voudriez-vous, je vous prie, me dire pourquoi vous me lisez tous ces papiers ?

— Dame, parce que c'est de vous qu'il s'agit. C'est vous qui êtes condamné.

— Moi ! Pourquoi ne me nommez-vous pas alors ?

— Votre observation est fort juste, remarqua le greffier. Si vous le permettez, je vais séance tenante réparer cette omission que je ne m'explique vraiment pas. Nous disons donc que vous vous appelez...

— Comte Terzi de Lissa, colonel au service de l'Autriche...

— Oh! s'exclamèrent les deux robins.

— Je ne vous ai pas interrompu tout à l'heure, messieurs, laissez-moi donc finir. Je disais : colonel, etc., etc., aide de camp personnel de l'empereur Joseph II, et chargé par Sa Majesté de remplir une mission diplomatique aux Pays-Bas.

Le conseiller et le greffier, dont l'embarras n'avait cessé de croître à mesure que l'autre énonçait de nouveaux titres, ne demandèrent pas leur reste et furent bien vite conter la chose aux membres du conseil qui attendaient fort tranquillement leur retour.

— Ah! mon Dieu! mon Dieu! gémit le président. Que va dire monseigneur? Nous ne pouvons faire exécuter le jugement; cela nous attirerait des représailles terribles de la part de l'Autriche. Ah! que va dire monseigneur? Nous avons été bien légers de condamner cet individu... Je voulais dire ce personnage, sans l'entendre. Nous ne pouvons lui rendre la liberté sans nous déjuger. Que faire, mon Dieu, que faire?

Le colonel resta donc en prison, mais au régime de la nation la plus favorisée.

Le souvenir de cet incident commençait à s'effacer de l'esprit des braves juges, quand, un beau jour, ils furent tirés de leur quiétude par cette effrayante nouvelle : « S. M. Joseph II réclame son envoyé. »

Tout d'abord on tergiversa, l'on inventa des prétextes, mais ce fut en vain, car l'empereur, assez peu accommodant de son naturel, menaça de déclarer la guerre à l'électorat et de venger par les armes l'insulte faite à son envoyé.

Le prince-évêque, fort ennuyé, n'avait pas attendu pour agir que les événements prissent une tournure aussi grave. Dès que la réclamation impériale lui était parvenue, il avait dépêché au colonel un négociateur chargé de lui offrir la liberté sans condition. M. Terzi de Lissa, trop heureux de jouer un bon tour à ses *bourreaux*, avait fait la sourde oreille ; mieux que cela, il avait demandé à être jugé publiquement.

Pendant ce temps, les représentations de l'empereur se succédaient, plus pressantes de jour en jour. Les autorités ne savaient plus à quel saint se vouer, et déjà certains personnages leur avaient suggéré qu'il serait opportun de frapper la sentinelle maladroite, seule coupable...

En désespoir de cause, S. A. S. Clément (un prince de Saxe, beau-frère de feu le dauphin de France), eut recours aux bons offices d'une de ses belles-sœurs, Christine de Saxe-Teschen, archiduchesse d'Autriche, qui avait connu jadis à la cour de Vienne le colonel Terzi de Lissa. La princesse écrivit donc en ces termes au prisonnier :

— « Mon cher comte, je vous demande un de ces services qu'un bon gentilhomme ne peut refuser à une dame. Je ne vous demande pas d'exterminer un dragon ni de vous mesurer avec un géant. Non, mes exigences sont beaucoup plus modestes. Je me borne à vous prier de vous sauver, faute de quoi vous mettriez mon frère (l'empereur d'Autriche) dans la cruelle nécessité de déclarer la guerre à mon beau-frère. Voyez, décidez et agissez en vrai gentilhomme. »

Au reçu de cette lettre, le colonel prit la seule résolution convenable et se déclara prêt à partir. Cependant, il exigea et obtint qu'on lui donnât pour compagnons de voyage le conseiller et le greffier qui lui avaient notifié l'arrêt du conseil de guerre.

Tout étant réglé, un beau soir le gardien du *Stockhaus* oublia de fermer les portes de l'établissement et le colonel profita de cette négligence pour aller se promener. Un équipage aux armes du prince-évêque l'attendait à deux pas de la prison. Il y monta, non sans se faire aider par un valet de pied qui lui avait ouvert avec empressement la portière, et prit place dans le fond, ayant vis-à-vis de lui le conseiller et le greffier qui devaient lui tenir compagnie. La voiture partit à une allure folle et ne s'arrêta qu'à Andernach. Le colonel, ne voulant pas abuser de ses avantages, prit congé de ses deux compagnons et ceux-ci, peu rassurés jusqu'alors, profitèrent avec empressement de la liberté qui leur était rendue. Le nom du comte Terzi de Lissa ne fut plus jamais prononcé à Coblence. Pourtant il est avéré que, maintes fois encore pendant les années suivantes, le colonel traversa la ville, se rendant de Vienne à Bruxelles ou inversement.

Les mauvaises langues affirmèrent à ce propos que l'électeur, instruit par l'expérience et averti par ses espions, supprimait la sentinelle du pont dès qu'on lui annonçait l'arrivée prochaine d'un voyageur dont le signalement ressemblait si peu que ce fût à celui du colonel-diplomate.

La précaution était sage et, grâce à elle, depuis là jusqu'à l'entrée des Français à Trèves, l'électorat vécut dans une paix profonde.

UN SOI-DISANT COMPLOT
DE LA MUNICIPALITÉ DE STRASBOURG
CONTRE LE CARDINAL DE ROHAN
(1791)

Le cardinal de Rohan s'était refusé à prêter serment (29 janvier 1791), avait aussitôt quitté Strasbourg, le siège de son évêché, et s'était installé à son château d'Ettenheim. Au dire de ses historiens, il vécut là tranquillement jusqu'à sa mort, survenue en 1803.

Or, d'après ses papiers qui ont été récemment découverts aux archives d'Ettenheim, l'existence du cardinal n'a été exempte ni de soucis, ni d'angoisses pendant cette période.

En mars 1791, il avait appris avec douleur la nomination, à Strasbourg, de l'évêque constitutionnel Brendel, qui avait été désigné au choix du gouvernement par Dietrich, maire de Strasbourg et ennemi personnel des Rohan (1).

(1) C'était du moins l'opinion du cardinal. Rien ne la justifiait.

La légion de Mirabeau, cantonnée à Ettenheim et composée de gens remuants et incapables de distinguer le tien du mien, occasionnait au cardinal des préoccupations constantes et des dépenses d'autant plus sensibles que ses revenus à l'époque étaient bien minces. Il devait avoir encore d'autres tracas.

Le samedi 29 juillet 1791, un individu prétendant se nommer d'Espiard et être un ancien officier de *Bourbonnais*, arriva à Ettenheim et demanda à être enrôlé dans la légion de Mirabeau. Ce fait n'aurait pas été remarqué en temps ordinaire; mais peu de jours auparavant, les agents que le cardinal entretenait à Strasbourg avaient fait savoir qu'un sergent-major du régiment de Bourbonnais s'était vanté de l'assassiner prochainement.

Aussitôt le quartier-maître Simonnaire fut chargé d'interroger d'Espiard, dont le signalement concordait assez bien avec celui qui avait été envoyé par les espions.

Toutefois, les explications données par ce dernier ayant été jugées suffisantes, il fut présenté à M. du Vallier, aide-de-camp de Mirabeau, qui accepta son offre d'engagement. Néanmoins, pour plus de sûreté, les deux officiers s'entendirent en vue de faire surveiller étroitement la nouvelle recrue.

Dans les premiers temps, les soldats chargés de cette mission ne remarquèrent rien de suspect; mais un beau jour, d'Espiard qui avait bu — conséquences de ses trop fréquentes stations à l'auberge du Soleil — s'enquit fort indiscrètement du cardinal et tint des propos menaçants à l'égard d'un *personnage* — il ne le nomma point — *qu'il vou-*

drait bien tenir seul à quelques lieues de là. Cette conversation ayant été rapportée sur-le-champ, il fut arrêté et amené devant M. du Vallier, qui lui fit subir un interrogatoire long et minutieux.

Subitement dégrisé, très intimidé, il avoua tout ce qu'on voulut. Entre autres, il déclara s'appeler Testard, n'avoir jamais été soldat, mais par contre avoir pris part à tous les désordres qui avaient eu lieu en France, tant à Versailles qu'à Paris, Marseille, Lyon et Nancy. Ensuite il avoua être venu à Ettenheim, chargé par la municipalité strasbourgeoise d'assassiner le cardinal de Rohan. Le maire, Dietrich, le procureur, Levrault, et un clubiste, nommé Noizette, lui avaient promis une grosse somme, disait-il, au cas où il réussirait dans son entreprise.

Le lendemain d'Espiard comparut devant le bailli Stuber qui avait reçu mission d'instruire l'affaire dans toutes les règles. En présence de ce magistrat expert dans l'art d'interroger les criminels et de leur tendre des pièges, il abandonna son système de la veille et déclara s'appeler réellement d'Espiard et avoir été officier au régiment de Bourbonnais. Ceci fut d'ailleurs confirmé par des lettres et papiers trouvés dans sa malle. Il rétracta tout ce qu'il avait dit à M. du Vallier touchant sa participation aux troubles de Paris, Marseille, etc., etc., mais persista à soutenir que les autorités municipales de Strasbourg l'avaient chargé, moyennant une somme considérable, d'espionner le cardinal et, au besoin, de l'assassiner.

Le juge, à son tour, fut bien embarrassé, car Dietrich, Levrault et Noizette, connus pour leur honorabilité, jouissaient de l'estime universelle à

Strasbourg et dans la région voisine. Les accusations de d'Espiard ne pouvaient guère les atteindre, d'autant plus qu'elles semblaient déjà être démenties par ce fait que nulle arme n'avait été trouvée chez ce dernier.

Pour couper court aux scrupules de Stuber, le cardinal décréta que l'affaire serait jugée par un tribunal spécial, destiné à remplacer celui de Savenne, et composé, pour la circonstance, du conseiller de Heille, président, et des baillis des districts d'Ettenheim, Ettenheimmünster, Oberkirch et Seelbach. Les magistrats, à l'exception du bailli de Seelbach qui s'excusa sous prétexte d'affaires urgentes, se réunirent à Ettenheim le 29 août 1791 et, après avoir étudié le dossier de l'instruction, décidèrent qu'avant de prononcer un jugement définitif contre l'inculpé, il y avait lieu d'assigner Dietrich, Levault et Noizette à comparaître devant eux, à Ettenheim. En conséquence, le 1er septembre, Stuber fit parvenir aux trois notables strasbourgeois une citation « à comparaître dans un délai de quatorze jours, faute de quoi ils seraient condamnés *in contumaciam* ». Ceci fit d'autant plus de bruit, à Strasbourg et ailleurs, que les officiers émigrés, trouvant les opérations de la justice trop lentes, avaient communiqué le procès-verbal d'interrogatoire de d'Espiard aux *Annales monarchiques, philosophiques, politiques et littéraires*, au *Journal de Francfort*, à la *Hamburger Staats und Gelehrtenzeitung* et à d'autres gazettes encore.

Aussitôt, Dietrich, Levrault et Noizette adressèrent à Stuber une protestation énergique contre les allégations, mensongères à leur endroit, contenues dans le procès-verbal. « Les calomnies dirigées contre nous, disaient-ils, montrent à quel point en sont venus les ennemis de la France... Notre conduite prouvera devant le tribunal de l'opinion que la vérité et la vraie fierté des Français n'ont rien à craindre de la part de vils calomniateurs ». Pour donner plus de poids à cette protestation, tous les membres du conseil municipal de Strasbourg y avaient apposé leur signature. De plus, on avait joint à cette lettre une deuxième protestation, imprimée, disant en substance que : 1° les Français méprisaient les menaces du cardinal de Rohan et *se contentaient d'user envers lui des armes que la loi donnait pour punir les traîtres et les rebelles* ; 2° « que d'Espiard était un officier taré, lequel avait simplement cherché à se venger de la municipalité de Strasbourg, parce que celle-ci, à deux reprises différentes, s'était vue obligée de porter plainte contre lui, ce qui, à la fin, avait entraîné sa cassation et son expulsion de l'armée, toutes choses fort agréables pour ses anciens camarades ».

En même temps, pour plus de sécurité, les trois personnes visées par l'assignation rendirent compte à Paris de ce qui leur était arrivé. Au bout de quelques jours, le gouvernement leur répondit qu'ils ne devaient y attacher aucucune importance.

Stuber, de plus en plus embarrassé, mais lié par les ordres du cardinal, fit donc paraître, le 5 octobre 1791, dans l'*Oberpostamtszeitung*, un *avertissement*, autrement dit une nouvelle citation à comparaître ; en même temps, il invita les bourgmestres de Fribourg et d'Offenbourg à la faire afficher. Ils s'y refusèrent nettement *pour éviter de froisser l'opinion publique.*

Les Strasbourgeois, ne se souciant pas d'être condamnés par contumace, adressèrent alors au tribunal d'empire siégeant à Wetzlar une protestation et une plainte en nullité d'assignation, et chargèrent un notaire de Kehl (margraviat de Bade) de porter cette démarche à la connaissance du tribunal extraordinaire d'Ettenheim. Ce notaire, qui s'appelait Johann Gottfried Scheid, accompagné de deux témoins, arriva le 22 octobre au matin dans cette localité. Comme Stuber était en voyage depuis quelques jours, il remit son acte, en présence des deux témoins, à la bonne du juge, puis fit ses dispositions pour repartir avec eux. Sur ces entrefaites, M. de Brudern, préfet du district, ayant appris le but de la visite de ces personnages, ordonna à la bonne de courir après le notaire et de lui rendre son papier. L'autre, bien entendu, refusa de le recevoir, monta dans sa voiture et fouette cocher! Aussitôt, des volontaires de Mirabeau se lancèrent à sa poursuite, le ramenèrent au corps de garde et l'y enfermèrent. Vers le soir, M. de Brudern, qui lui avait fait subir un interrogatoire très sévère, le remit en liberté et le fit accompagner jusqu'à la frontière du margraviat de Bade par un archer. Celui-ci, au moment de le quitter, lui tendit le fameux acte; bon gré mal gré, il fut donc obligé de le remporter.

Un mois plus tard, le tribunal d'empire fit savoir à celui d'Ettenheim qu'il était saisi par la municipalité de Strasbourg d'une plainte en nullité d'assignation, basée sur des arguments juridiques et en même temps sur des faits tendant à prouver que les juges d'Ettenheim montraient en toute circonstance leur animosité contre les Strasbourgeois.

L'affaire demeura en suspens devant la cour de Wetzlar jusqu'au 16 avril 1792. A cette date, elle rejeta le pourvoi et décida que Dietrich, Levrault et Noizette devraient le soumettre soit au tribunal d'Ettenheim, soit au cardinal en personne.

Les archives d'Ettenheim n'en disent pas plus long. D'Espiard a-t-il été condamné et exécuté? On ne sait, mais il probable que non. Dès le mois de février 1792, les volontaires de Mirabeau avaient quitté la région et s'étaient installés sur le territoire de Hohenlohe, où ils se trouvaient plus loin du Rhin et... des troupes françaises, qui se rassemblaient au camp de Belfort et dans les Vosges. D'autre part, la guerre ayant été déclarée le 25 avril de la même année, neuf jours après que l'arrêt du tribunal de Wetzlar avait été rendu, il est probable que celui d'Ettenheim eut à ce moment-là, comme on dit, d'autres chats à fouetter que de juger le maire et le procureur de Strasbourg.

LES SUISSES ET LA JOURNÉE DU 10 AOUT 1792

La conduite que tint le régiment des gardes suisses à la journée du 10 août 1792 est assurément un des épisodes les plus émouvants de l'histoire révolutionnaire. Elle a été racontée dans tous ses détails par le colonel Pfyffer d'Altishoffen, un des survivants de la catastrophe. Ce document, qui n'existe pas en librairie, contient une foule de renseignements intéressants, peu connus, et même quelques autres complètement ignorés. Voici comment l'auteur expose les débuts de l'affaire :

« ... Le 4 août, le régiment reçut ordre de se porter sur Paris. Il partit la nuit des casernes de Courbevoie et de Rueil, après avoir enterré une partie de ses drapeaux. Le marquis de Maillardoz (lieutenant-général et lieutenant-colonel du régiment, qui fut massacré à la Conciergerie) et le baron de Bachmann (lieutenant-général et major du régiment, qui fut guillotiné) vinrent au devant. Le corps marchait dans le plus grand silence, avec les précautions usitées en temps de guerre et en pays ennemi... Tout fut tranquille au Château, et la même nuit le régiment retourna aux casernes. Le lendemain, on en détacha 200 hommes qui furent envoyés en Normandie. Depuis le 4 août jusqu'au 8, la fermentation se développa...

Le 8 août, sur les huit heures du soir, M. d'Erlach, capitaine de garde, remit à M. de Glutz, aide-major, un ordre conçu en ces termes : « Monsieur le colonel ordonne que le régiment soit rendu demain, à trois heures du matin, aux Tuileries. »

M. de Maillardoz avait reçu cet ordre de M. Mandat, alors commandant-général de la garde nationale de Paris. On fit le partage des cartouches aux casernes, et l'on ne put en distribuer *trente* par homme. Tout le monde marcha ; il ne resta aux casernes qu'un petit nombre de malades et les fourriers. A la porte Maillot, une ordonnance venant de Paris remit au commandant un laissez-passer signé Pétion.

La nuit suivante (du 9 au 10 août), MM. Mandat, de Maillardoz et de Bachmann firent occuper les divers postes du château par la garde nationale et par les Suisses. On en plaça dans les cours, à la chapelle et à la porte royale. Le baron Henri de Salis, le plus ancien capitaine du régiment, commandait les postes des escaliers et de la cour de la reine, et avait sous ses ordres le chevalier Gibelin, sous-aide-major, 300 hommes commandés par le capitaine de Durler, qui avait sous lui M. de Pfyffer d'Altishofen, capitaine, et M. de Glutz, aide-major. Ils étaient placés dans la cour dite des Suisses, pour se porter comme réserve là où en aurait besoin. »

Viennent ensuite des détails sur les emplacements occupés par les gendarmes à pied et à cheval et des considérations sur l'intervention inopportune de gentilshommes sincèrement attachés au roi, qui étaient venus en assez grand nombre, armés d'épées et de pistolets, et dont la présence au Château n'avait pas manqué d'inspirer de la méfiance à la garde nationale. Le service des renseignements était bien informé, car à l'heure annoncée par lui, « ... à minuit, l'on entendit sonner le tocsin et battre la générale. M. de Bachmann s'assura que tout était en ordre ; il donna des instructions aux officiers ; il envoya les officiers d'état-major visiter les postes ;... à deux heures du matin, 4 bataillons des faubourgs étaient déjà arrivés sur la place du Carrousel pour exécuter leur horrible projet ; ils n'attendaient que leurs complices. Entre quatre ou cinq heures, M. Mandat reçut l'ordre de se rendre à la commune. On l'attendait pour l'égorger sur les degrés de l'Hôtel-de-Ville ; on savait qu'il avait en sa possession un ordre signé Pétion, de repousser la force par la force ; on supposait faussement qu'il le portait sur lui, et l'on voulait, par le meurtre, soustraire cette pièce à la publicité.

Vers les six heures du matin, le roi, tenant par la main Mgr le Dauphin, descendit dans la cour royale, accompagné de quelques chefs de division et commandants de la garde nationale et de MM. de Maillardoz et de Bachmann. Il passa d'abord devant la garde nationale, puis devant les Suisses qui crièrent *Vive le Roi*; au même instant, un bataillon armé de piques, qui entrait dans la cour, criait à tue-tête *Vive la Nation*. Il en résulta une discussion très vive, à laquelle les canonniers de la garde nationale prirent surtout part. M. de Dürler parvint néanmoins à les calmer, en leur représentant dans son singulier langage que le roi et la Nation ne faisaient qu'un. Le bataillon qui venait d'entrer dans la cour reconnut qu'il n'était pas à sa place, et ils allèrent se ranger avec leurs pareils.

Bientôt après, M. Roederer, procureur-général-syndic, assisté d'un membre de la commune, tous deux en écharpe tricolore, et M. de Boissieux, maréchal de camp, parcoururent tous les postes; ils proclamèrent verbalement l'ordre déjà reçu par écrit, de défendre le Château et de repousser la force par la force...

A 7 heures, les murmures recommencèrent, et des bataillons entiers de gardes nationaux se retirèrent; les uns allèrent joindre les factieux et un grand nombre rentrèrent dans leurs foyers. »

Entre sept et neuf heures, Louis XVI, malgré les supplications de la reine et les instances de M. de Bachmann, prend la détermination d'aller à l'Assemblée Nationale. C'est vers neuf heures qu'il s'y rend, accompagné de toute sa famille, de quelques gentilshommes et des Suisses de garde. A cette vue, la garde nationale « excepté les braves grenadiers des filles Saint-Thomas » abandonne les Suisses et fraternise avec les bataillons des faubourgs qui, aussitôt, se mettent en mouvement, leurs canons en tête, et s'avancent vers les portes du Château. A ce moment, le maréchal de camp de jour donne aux Suisses l'ordre d'évacuer la cour et par suite d'abandonner leurs six canons qui s'y trouvent et de rentrer au Château. Ceci était une faute impardonnable, qui ne devait pas tarder à produire les plus funestes effets. On prit donc les dispositions que le temps et les localités pouvaient permettre.

« ...On garnit de soldats les escaliers et les croisées du Château. Le premier peloton fut placé à la chapelle, c'est-à-dire un peloton des grenadiers des filles Saint-Thomas en première ligne, les gardes suisses en deuxième. M. le capitaine de Dürler trouva au premier appartement, en face du grand escalier, M. le maréchal de Mailly, qui était avec M. de Zimmermann, officier général et lieutenant des grenadiers. M. le maréchal ayant annoncé à M. de Dürler qu'il était chargé de la part du roi de prendre le commandement du Château, M. de Dürler lui dit :

— Monsieur le maréchal, quels sont vos ordres ?

— De ne pas vous laisser forcer, répartit le maréchal.

M. de Dürler répondit :

— On peut y compter.

Ce fut le seul ordre que les Suisses reçurent de ce maréchal de France. *On ne leur reprochera point de ne l'avoir pas suivi à la lettre.*

Pendant que M. de Dürler parlait à ce maréchal, il vit distinctement, par la fenêtre, le *portier du roi* ouvrir aux Marseillais la porte royale. Ils entrèrent peu à peu, en élevant leurs chapeaux, et faisant signe aux Suisses de venir les joindre. Un de la bande, plus hardi que les autres, s'approcha d'une fenêtre et y lâcha un coup de pistolet; le sergent Lendi allait répondre à cette insolente provocation, les officiers le retinrent... Toute la colonne ennemie étant entrée, elle plaça ses canons en batterie; on égorgea des sentinelles suisses placées au pied du grand escalier, et les premiers Marseillais essayèrent de monter au poste de la chapelle. MM. de Dürler, de Reding, Joseph de Zimmermann et de Glutz aide-major, firent placer à la hâte une barre de bois en travers de l'escalier. M. de Boissieux crut le moment favorable pour haranguer les Marseillais, mais d'affreux hurlements couvrirent sa voix. Les assaillants à la fin reconnurent l'inutilité de leur tentative; ils se retirèrent en vociferant des injures contre les Suisses.

Un peu moins de 800 Suisses, les deux compagnies qui accompagnaient le roi n'ayant pu prendre part au combat, 200 gentilshommes dont le courage était sans armes, un assez petit nombre de gardes nationaux intrépides et fidèles, tous sans commandant en chef, sans munitions, sans canons... Voilà l'état des choses au moment où le combat allait commencer!... La troupe des faubourgs fit une décharge qui blessa quelques soldats; les *grenadiers des filles Saint-Thomas* ripostèrent, les Suisses suivirent leur exemple; les Marseillais répondirent par une décharge générale d'artillerie et de mousqueterie qui coûta la vie à beaucoup de monde. Ce fut dans ce moment que M. Philippe de Glutz, lieutenant de grenadiers, fut tué et que M. de Castelberg eut la cheville du pied fracassée.

L'action devenue générale se décida rapidement en faveur des Suisses; le feu des croisées et celui de la réserve de M. de Dürler furent très meurtriers. En peu de temps la cour royale fut évacuée; elle resta jonchée de morts, de mourants et de blessés. MM. de Dürler et de Pfyffer firent une sortie du Château avec 120 hommes. Ils prirent quatre pièces de canon et redevinrent les maîtres de la porte royale. Pendant qu'ils traversaient le Carrousel, un autre détachement, sous les ordres du capitaine Henri de Salis, s'emparait de trois canons à la porte du manège, et les amenait jusqu'à la grille. De là, ce détachement parvint à rejoindre le premier, mais sous le feu de l'artillerie qui, de la porte de la cour de la Reine, tirait à mitraille sur les Suisses.

Ces derniers ne pouvaient tirer grand profit des canons enlevés à leurs adversaires, car ceux-ci avaient emporté les munitions, les mèches et les lances à feu. Quoique restés maîtres du champ de bataille, les Suisses, qui n'avaient pour ainsi dire plus de munitions, ne pouvaient se faire aucune illusion sur leur sort.

Dans cet instant critique, M. d'Hervillé (tué depuis à Quiberon) arrive sans armes, sans chapeau. On veut lui montrer les dispositions qu'on venait de faire du côté du jardin.

— Il s'agit bien de cela, dit-il, il faut vous porter à l'Assemblée Nationale auprès du roi.

En entendant ces mots, le lieutenant-général de Viomesnil crie :

— Oui, braves Suisses, aller sauver le roi, vos ancêtres l'ont fait plus d'une fois. »

Les officiers cherchent alors à rallier leurs hommes. Ils y réussissent avec mille peines.

« On partit; la traversée du jardin fut excessivement meurtrière. Il fallut essuyer un feu très vif de canon et de mousqueterie, qui partait de trois points différents : la porte du pont royal, celle de la cour du manège et la terrasse des Feuillants. Dans ce trajet, M. de Gross eut la cuisse cassée par une balle; il tomba près du bassin, auprès du groupe d'Arria et de Poetus.

L'on arriva enfin dans les corridors de l'Assemblée Nationale. Le baron Henri de Salis, emporté par son ardeur, entra dans la salle du Corps législatif, l'épée à la main, au grand effroi du côté gauche de l'Assemblée; les députés qui le composait crièrent « les Suisses, les Suisses! » et l'on en remarqua plusieurs qui cherchaient à se sauver par les fenêtres.

Un membre de l'Assemblée vint ordonner au commandant des Suisses de faire mettre bas les armes à sa troupe. Le commandant refusa de le faire. M. de Dürler s'avança vers le roi et lui dit :

— Sire, on veut que je pose les armes.

Le roi répondit :

— Déposez les armes entre les mains de la garde nationale, je ne veux pas que de braves gens comme vous périssent.

Un moment après, le roi envoya à M. de Dürler un billet de sa propre main, conçu en ces termes : « Le roi ordonne aux Suisses de déposer leurs armes et de se retirer aux casernes. » Cet ordre fut un coup de foudre pour ces braves soldats; ils criaient qu'ils pouvaient bien se défendre avec leurs baïonnettes; plusieurs pleuraient de rage; mais dans cette horrible extrémité, la discipline et la fidélité triomphèrent encore. Ils savaient que cet ordre de quitter leurs armes les livrait sans défense à des tigres altérés de leur sang : *tous obéirent*.

On sépara les officiers des soldats; ceux-ci furent conduits à l'église des Feuillants, les officiers furent déposés dans la salle des Inspecteurs...

Le Château n'était plus défendu, les assaillants y entrèrent massacrant les blessés et tous ceux qui s'étaient perdus dans l'immensité du palais... »
Ainsi finit le régiment des gardes suisses au roi de France.

En partant de Courbevoie pour les Tuileries, les Suisses n'avaient emporté qu'un drapeau par bataillon et le drapeau blanc de la colonelle. M. de Gébelin, aide-major, et le soldat Koliker avaient enterré les drapeaux des compagnies dans les caves de la caserne. (*On les y retrouvera*, disait, en 1821, le colonel Pfyffer d'Altishofen, et très vraisemblablement ils y sont encore.) Les compagnies de Rueil, moins bien inspirées, avaient enterré leurs six drapeaux dans le jardin de leur caserne, où ils ne restèrent pas longtemps. En effet, le 28 avril 1793, le conseil municipal de Rueil les apporta à la Convention. Le drapeau de la colonelle, qui avait été ramassé, le 10 août, par un fédéré de Nancy nommé Lang, avait été remis le 12, à l'Assemblée, et celle-ci avait décidé que cet emblème serait suspendu aux voûtes du temple de la Liberté.

Les drapeaux enterrés à Courbevoie avaient « la croix droite blanche, et chaque quartier présentait quatre flammes ondées, bleu turquin, aurore, noir et rouge, convergeant vers le centre du drapeau. Ces flammes rappelaient les couleurs des cantons catholiques qui participaient au recrutement du corps. »

LE ROMAN DE DEUX GRANDES DAMES ET D'UNE
ÉPICIÈRE DE VERDUN (1792)

Les personnes compromises hors de la capitulation de Verdun ou ayant participé à la démonstration en l'honneur du roi de Prusse, étaient au nombre de trente-cinq dit-on. Ce chiffre est inexact, si l'on s'en rapporte à un officier supérieur de l'artillerie prussienne, témoin oculaire des faits et dont les mémoires ont été publiés en 1868 par son petit-fils.

D'après lui, la députation qui avait porté « l'infâme compliment au roi de Prusse entrant à Verdun » aurait compris, outre les personnes connues, trois autres dont on ne trouve les noms dans aucun rapport français. Les détails qu'il donne à leur sujet, l'air de sincérité profonde de son récit et le fait que diverses jeunes femmes, auxquelles on avait à l'époque reproché leur trop grande amabilité envers les Prussiens — notamment la belle Mlle Morland, dont le prince royal parle en termes lyriques dans ses fameuses *Reminiszensen* — n'ont jamais été inquiétées par la suite, tout ceci réuni autorise à considérer ses allégations comme vraies. Attaché, dès le début des hostilités, au duc Auguste de Weimar (le protecteur et l'ami de Gœthe), il avait assisté à la reddition de Verdun et à l'arrivée de la députation venue en grande pompe au devant du roi de Prusse et qui lui avait offert des dragées et des fleurs. Depuis la capitulation, cet officier logeait dans un château situé en dehors de la ville et appartenant à la comtesse de Croix.

Cette dame, veuve d'un général, habitait là en compagnie de sa fille unique. Toutes deux avaient pris part à la manifestation en l'honneur du roi de Prusse et, comme dit l'acte d'accusation (5 floréal an II), « avaient prodigué au tyran de fades et criminelles adulations ».

En même temps que cet artilleur, Mme de Croix avait un autre garnisaire, M. de Bülow, lieutenant aux hussards de Blücher, distingué de manières et fort joli garçon. Mlle Adèle de Croix était aussi aimable que belle. « Grande, élancée, avec des yeux bleu foncé et de longs cheveux blonds, on ne trouvait chez elle aucune trace de cette frivolité qui est, malheureusement, la caractéristique de presque toutes ses aimables compatriotes.

« La beauté de la jeune fille et ses rares qualités ne manquèrent pas d'impressionner profondément le lieutenant de Bülow, dont, en revanche, les mérites ne laissèrent point Mlle de Croix insensible. Au moment de quitter Verdun pour se diriger vers l'intérieur de la France, le jeune hussard fit une demande en règle, et elle fut agréée « malgré les scrupules qu'inspirait à la mère la perspective d'avoir d'un gendre protestant ».

Puis, il y eut Valmy... avec toutes ses conséquences, et, un beau jour, avant la date fixée pour le mariage, l'amoureux hussard se retrouva sous les murs de Verdun. Son premier soin, malgré qu'il fût au poste d'honneur, c'est-à-dire à l'arrière-garde, pendant cette déroute, fut de courir au château, vers lequel, invinciblement, le poussaient les pressentiments les plus sombres et, d'ailleurs, les plus justifiés.

« Son capitaine lui ayant permis d'emmener une vingtaine de cavaliers, il piqua droit sur le château, mais n'en trouva plus que les ruines fumantes. Quelques domestiques, qui avaient pu s'échapper, lui racontèrent qu'une bande de républicains — soixante à quatre-vingts — ayant à leur tête un ancien boucher de Verdun, avaient surpris et pillé la maison, l'avaient livrée aux flammes, puis s'étaient retirés emmenant prisonnières Mme de Croix et sa fille. D'après ces domestiques, les bandits ne pouvaient encore se trouver bien loin. En conséquence, M. de Bülow résolut de se mettre à leur poursuite et de chercher à leur enlever les deux malheureuses femmes. Il parvint effectivement à les rejoindre, mais trop tard, car en même temps il rencontra l'avant-garde française qui le ramena très vivement. Il ne réussit à échapper aux cavaliers républicains qu'au prix d'efforts inouïs et parce que ces militaires improvisés ne savaient pas se servir de leurs chevaux.

A quelques semaines de là, une femme de chambre de ces dames apporta à M. de Bülow une mèche de cheveux de Mlle de Croix, et lui apprit que celle-ci et sa mère avaient été guillotinées à Châlons-sur-Marne. »

A la suite de ces événements, le jeune officier fut atteint d'une fièvre typhoïde qui faillit l'enlever. Quand il reprit son service, en 1793, ses traits avaient subi une altération telle que ses amis les plus intimes ne le reconnurent pas.

Il avait vieilli de vingt ans. Ses manières silencieuses et sévères étaient devenues celles d'un trappiste. A partir de ce jour, nul ne le vit plus rire, ni toucher une carte, ni danser, ni adresser la parole à une femme. Il n'eut plus de goût que pour son métier et resta jour et nuit aux avant-postes, afin de ne laisser échapper aucune occasion d'échanger des coups de sabre avec les Français. On racontait qu'il avait fait le vœu solennel de n'accorder ni pitié ni grâce aux militaires de cette nation qui tomberaient entre ses mains. Toujours au plus fort du danger, il semblait doué d'un charme, car il ne fut jamais blessé.

Lorsque le roi de Prusse conclut avec la République française, en 1795, la convention de Bâle, M. de Bulow s'enrôla aussitôt dans les rangs des Autrichiens. Quand ceux-ci, à leur tour, déposèrent les armes, il passa en Angleterre et guerroya pour le compte de cette dernière, en Vendée et ailleurs, jusqu'au début de la campagne de 1805. A ce moment, jugeant que les Autrichiens ne se battaient pas avec assez d'acharnement, il entra au service de la Russie, prit part, comme capitaine de cavalerie, à la bataille d'Austerlitz, où il déploya une bravoure si folle que, sur le lieu même de l'action, l'empereur lui conféra la croix de Saint Georges, c'est-à-dire la plus haute distinction militaire. Enfin, en 1806, lorsque la guerre éclata entre la France et la Prusse, il reprit sa place au régiment. « Nul de ses anciens camarades ne le reconnut. Ses cheveux étaient devenus tout blancs. Son visage était si blême et si émacié, ses manières si froides, que l'on aurait cru se trouver en présence d'un fantôme plutôt que d'un capitaine de hussards. »

Pendant cette campagne si désastreuse, il accomplit des actes d'une témérité inouïe; puis, après la débâcle d'Iéna, cerné de toutes parts, mais ne voulant pas imiter ses camarades, il réussit à se frayer un chemin jusqu'à un caisson de munitions abandonné au milieu des champs et, d'un coup de pistolet, le fit sauter, entraînant à sa suite, dans la mort, plusieurs cavaliers français. Les mânes de Mlle de Croix étaient vengés.

La troisième personne mentionnée par l'officier et dont le nom ne figure dans aucun rapport de l'époque, eut une histoire beaucoup moins romanesque, surtout moins triste.

Fille d'un épicier aisé de Verdun, Mlle Annette Désert, vêtue d'une robe blanche, avec une cocarde de même nuance dans les cheveux, était allée féliciter le roi de Prusse au camp de Regret. Douée d'un physique agréable, avec de grands yeux bruns et un petit nez retroussé, « vrai type de la pimpante Française », elle n'avait pas tardé à faire la conquête d'un lieutenant artificier prussien, que les hasards de la guerre avaient logé par réquisition chez ses parents.

Mlle Annette et son amoureux goûtaient un bonheur sans mélange et attendaient, non sans impatience, la prise de Paris, terme rigoureux assigné par le papa Désert pour la célébration de leurs justes noces.

Eux aussi furent consternés en apprenant la catastrophe de Valmy. Leurs espérances allaient donc s'évanouir, telle la fumée de cette canonnade! A ce moment, le vieil épicier intervint.

C'était un homme avisé.

Jugeant que son attitude personnelle au moment de la capitulation, ses propos lors de l'entrée des Prussiens, et la démarche de sa fille seraient de nature à lui causer des ennuis, estimant, au surplus, que la vraie place de sa tête se trouvait entre ses deux épaules, il réalisa prestement ses valeurs et ses créances et, sans attendre l'arrivée des vainqueurs, surtout sans éveiller les soupçons des *patriotes*, il s'empressa de gagner la frontière allemande. Une fois en sûreté, il chercha sa voie. Ce n'était pas facile dans un pays dont il ignorait la langue. Finalement il vint à Berlin où il fonda un magasin de comestibles (*Delikatessenhandlung*).

Il avait eu là une inspiration géniale, car bientôt sa boutique fut la plus achalandée de la ville. Ses affaires allaient à merveille lorsque la convention de Bâle fut signée. A ce moment, le lieutenant-artificier vint rejoindre Mlle Annette, qu'il épousa et emmena aussitôt dans sa nouvelle garnison, Colberg, la petite forteresse qui, plus tard, s'illustra par son héroïque résistance.

« La jeune femme, raconte l'officier d'artillerie, ne tarda point à porter les culottes, — en ceci mon ami subit le sort habituellement réservé aux Allemands qui épousent des Françaises — et comme elle se déplaisait souverainement dans cette bicoque poméranienne, elle décida bientôt son mari à donner sa démission. Ils vinrent donc se fixer à Berlin et s'associèrent avec le papa Désert. Quand celui-ci mourut, en 1799, ils prirent la maison à leur propre compte et la gérèrent si habilement qu'en 1807 ils purent la céder et vivre de leurs rentes. Ils firent alors l'acquisition d'une terre noble à deux pas de Stettin, où ils mènent actuellement (en 1832) l'existence la plus confortable. Mlle Annette — une imposante matrone aujourd'hui — mène à la baguette son mari, ses enfants et son nombreux personnel. Je les vois encore de temps à autre, et chaque fois nous nous entretenons avec plaisir des événements qui ont accompagné notre entrée à Verdun en septembre 1792. »

Tel fut le roman, beaucoup plus prosaïque, de la jeune épicière.

A PROPOS DU « PÈRE SAUCE »

LE COUP DE MAIN DE SAINT-MIHIEL

M. G. Lenôtre a évoqué la figure du « Père Sauce », épicier-chandelier à Varennes, procureur-syndic de cette commune, lequel abrita sous son toit, dans la fameuse nuit du 21 au 22 juin 1791, Louis XVI et la famille royale.

Sauce, désigné à la vengeance des émigrés, avait été obligé de s'enfuir à Troyes, lors de l'invasion prussienne et, dès la prise de Verdun, le 3 septembre 1792, des troupes allemandes avaient été envoyées à Saint-Mihiel où on le supposait caché. A leur vue, Mme Sauce, prise de terreur, avait cherché à se sauver, était tombée dans un puits et s'était tuée.

Il existe de cette opération contre le « Père Sauce » une relation écrite par l'un des officiers prussiens qui y ont pris part. La version qu'elle donne de l'affaire s'écarte sur différents points de celle de M. Lenôtre ; de plus elle donne les noms des officiers et les effectifs employés à ce coup de main.

Cette relation a été rédigée par le général prussien de Minutoli.

D'après lui, le jour même de leur entrée à Verdun, par conséquent le 2 septembre 1792, les Prussiens apprirent qu'un détachement ennemi escortant un trésor militaire, devait quitter l'armée de Luckner (lequel se trouvait alors à Longeville, près de Metz) et passer la nuit suivante à Saint-Mihiel, sur la Meuse, et que, d'autre part, le *maître de poste Drouet*, celui qui avait fait arrêter le roi Louis XVI à Varennes, était également dans cette localité. Le major Velten, du régiment d'Eben, reçut ordre d'enlever l'un et l'autre. Pour cela, on lui donna le commandement d'un détachement composé de cent hussards d'Eben avec deux officiers : le capitaine de Haas et le lieutenant de Werder, et de cent fusiliers avec deux officiers aussi : les lieutenants Menu de Minutoli et de Wolzien.

L'auteur confond Drouet avec Sauce, mais c'est un détail sans importance. Les journaux étaient rares en ce temps-là; peut-être n'en parvenait-il pas aux armées. Dans l'alternative contraire, les lieutenants de vingt ans — c'était le cas de Minutoli — ne les lisaient probablement pas et se contentaient des nouvelles que leur apportait la rumeur publique. Or celle-ci n'a jamais eu la réputation d'être très fidèle.

Bref, le détachement du major Velten quitte Verdun le 2 septembre, à l'entrée de la nuit, et remonte aussi vivement que possible la rive droite de la Meuse, afin d'arriver au petit jour à Saint-

Mihiel. Tout se passe bien jusqu'à Haudainville. Comme toutes les maisons de ce village sont éclairées, l'un des officiers prussiens se détache et devance la colonne afin de se renseigner. Le bruit qu'il fait attire l'attention des habitants, et ceux-ci lui apprennent que l'animation du village tient à la présence d'un bataillon français provenant de l'ancienne garnison de Verdun et renvoyé en France sur parole. On passe, mais à quelque distance de là « les fusiliers se déclarent fatigués et incapables de suivre les hussards ». Sur l'ordre du commandant, Minutoli, accompagné de quelques hussards, gagne rapidement Dieue et exige du maire de ce village « des voitures, soi-disant pour transporter des soldats français de la garnison de Verdun ». Il faisait nuit sombre; comme Minutoli s'exprimait en excellent français (il était de Genève) et que ses hommes portaient d'ailleurs un uniforme à peu près pareil à celui des hussards parisiens, comme, de plus, les gens du pays ignoraient encore la capitulation de Verdun, des voitures en nombre suffisant furent mises de grand cœur à sa disposition. Les premières lueurs du jour apparaissaient lorsque la colonne entrait dans Rouvrois (à 6 kilomètres de Saint-Mihiel) et de tous côtés retentissaient des batteries de tambour. Craignant d'arriver trop tard, le major Velten fait prendre le trot, mais lorsqu'il n'est plus qu'à portée de fusil de Saint-Mihiel, il est arrêté par des coups de fusil qui lui sont tirés du calvaire; en même temps, les cloches de tous les villages avoisinants se mettent en branle. Aussitôt, il arrête les voitures et en fait descendre les fusiliers qu'il dirige vers la *porte à Verdun*. Celle-ci est *défendue* par un officier et une trentaine d'hommes qui se rendent à la première sommation. On les désarme et on leur rend ensuite la liberté. Un sous-officier et trois fusiliers prussiens prennent la garde à leur place.

Le major Velten, pendant ce temps, fait contourner la ville par une partie de son détachement, puis, n'ayant rien vu de suspect, pénètre dans la rue principale (rue Notre-Dame) et détache le capitaine de Haas, le lieutenant de Wolzien, un sous-officier et quelques hommes pour arrêter le *maître de poste Drouet*. Ensuite, en homme sachant son métier, il fait occuper les issues et lance des patrouilles vers l'amont.

« Bien qu'il fît à peine jour, dit Minutoli, notre arrivée fut aussitôt connue. De tous côtés, nous entendions crier : « Voici l'ennemi ! » On vit s'entre-bâiller l'une après l'autre les fenêtres et les jalousies, et nous aperçûmes plus d'une belle en son négligé matinal. Nous répétâmes aux habitants que nous ne leur voulions pas de mal, que nous respecterions leurs personnes et leurs propriétés, mais qu'en revanche ils devaient se tenir cois. Ils finirent donc par se calmer et bientôt des conversations s'échangèrent de fenêtre à fenêtre : « Ça sont des bonnes gens ; ils ne font du mal à personne » (*sic*). Quelques belles eurent même l'amabilité de nous inviter à prendre chez elles une tasse de chocolat ou de café. Il m'en coûta beaucoup de ne pouvoir pas accepter, mais c'eût été donner le mauvais exemple à nos hommes. Pendant ce temps, le nombre des curieux allait en augmentant dans les rues ; beaucoup d'entre eux se mêlaient à nos hommes et leur offraient à boire... Soudain le tambour se fit entendre et de tous les côtés débouchèrent des hommes en armes ; c'était un bataillon de garde nationale qui se rassemblait sur la place du marché. »

Le major, prévenu de cet incident, accourt avec une partie de son monde, parlemente avec les gardes nationaux et leur impose si bien par son attitude que tous déposent les armes. Il était temps, car à peine était-ce fait que, par une issue non gardée, arrive une colonne de cuirassiers français marchant par deux sans méfiance aucune. Trompés par les uniformes prussiens, ils reconnaissent trop tard leur erreur et sont faits prisonniers. C'était un lieutenant-colonel, trois officiers subalternes, plusieurs sous-officiers et soixante cavaliers de Royal-Allemand qui venaient de Metz pour chercher la caisse dont il a été question plus haut et les chevaux du haras de Sampigny. Les Prussiens se substituèrent à eux, prirent possession du trésor de guerre « qui était porté par une voiture à quatre chevaux », emmenèrent les étalons et les juments du haras « conduits par des employés de l'établissement », et regagnèrent Saint-Mihiel. « Notre situation n'était pas rassurante, dit Minutoli. Les habitants de la ville entouraient les prisonniers, voulaient causer avec eux et leur donner à boire et à manger. Que serions-nous devenus si le bataillon de garde nationale ou l'un des corps campés à proximité nous avait attaqués ? Dans l'hypothèse la plus favorable, nous aurions été pris à notre tour. »

Les officiers chargés de cueillir *Drouet* venaien de rentrer bredouilles.

Le capitaine de Haas et le lieutenant de Welzien, qui avaient été chargés d'arrêter *Drouet* à son domicile, avaient trouvé le nid vide, car le maître de poste était parti la veille même pour Paris. Mais sa femme et *ses filles* étaient restées. Pendant que le capitaine de Haas faisait fouiller la maison par ses soldats, *Mme Drouet*, cédant à une terreur inexplicable, se jeta dans un puits. Aussitôt informé de cet accident, le capitaine fit apporter une grande échelle qui se trouvait là par bonheur, et donna l'ordre à un vieux sous-officier de hussards de prendre une lanterne et de descendre dans le puits, afin de sauver cette malheureuse, si toutefois c'était possible. Cette tentative audacieuse fut couronnée de succès. *Mme Drouet n'était qu'évanouie. Un médecin fut appelé aussitôt. Il lui prodigua ses soins et la rappela bientôt à la vie.*

On ne peut mettre en doute sur ce dernier point la sincérité de Minutoli, car il partit le même soir pour Verdun et de là pour Valmy, après quoi il eut, ainsi que le reste de ses compagnons d'armes, des préoccupations de nature à ne plus lui laisser le temps de songer à celle qu'il prenait pour Mme Drouet. Avant de quitter Saint-Mihiel, l'attention des officiers prussiens fut appelée sur deux émigrés détenus à la prison et qui devaient être emmenés le lendemain même à Paris pour y être exécutés. Ces deux prisonniers furent délivrés, mis sur la voiture qui transportait le trésor, et emmenés à Verdun, où on les abandonna à leur sort.

Minutoli raconte ce qui suit à ce sujet :

« Je fus blessé grièvement en 1794. Me promenant un jour, pendant ma convalescence, à la Zeil (la plus belle rue de Francfort-sur-le-Mein), je rencontrai un monsieur qui me sauta au cou. Ne sachant ce que voulait dire cette manifestation amicale, je le regardai avec un certain étonnement :

— Mais, mon Dieu ! fit-il, ne me reconnaissez-vous pas ? Je suis une de ces victimes condamnées à mort, que vous avez sauvées à Saint-Mihiel (*sic*). »

Le coup de main avait réussi, mais ceux qui l'avaient exécuté avec tant de bonheur se montrèrent peu satisfaits d'en être si maigrement récompensés. Le major Velten fut décoré de l'ordre du Mérite et anobli ; Minutoli reçut un cheval (qu'il revendit pour un prix dérisoire) et les autres n'eurent que la satisfaction du devoir accompli. A leur avis, c'était fort peu de chose.

On le voit, à part la confusion de noms, très excusable encore une fois, commise par l'officier prussien, son récit confirme très nettement celui de M. Lenôtre, en y ajoutant quelques détails qui ont leur prix.

LE GÉNÉRAL FERRIER

ET LE CONSEIL MUNICIPAL DE WISSEMBOURG

(5 FÉVRIER 1793)

Le 5 février 1793, le conseil général (municipal) de la commune de Wissembourg, assemblé dans la grande salle de la mairie, avait examiné déjà quelques pétitions et accueilli favorablement la demande d'un certificat de civisme qui lui était adressée par la dame Beckhaus, veuve de Morel, en son vivant capitaine-commandant au régiment ci-devant de Lamarck.

Ces menues questions réglées, on avait abordé une affaire sérieuse. Il s'agissait de rédiger proprement une demande de secours en faveur de la ville, dont les finances étaient dans le plus fâcheux état. Or, le citoyen *commissaire législateur* Denzel, consulté par le maire, avait déclaré la veille même que les ressources de la Nation étaient épuisées.

« Néanmoins, avait-il conclu, envoyez-moi une supplique, je la transmettrai à la Convention, en l'appuyant de toutes mes forces. »

Pendant que l'on discutait les différents articles, le procureur de la commune avait esquissé un projet de lettre. Aussitôt que le conseil parut d'accord, il en donna lecture :

« ARTICLE PREMIER. — Le service de la République et les convois nombreux et fréquents qui se font pour l'armée, particulièrement le roulage des caissons de *celles* qui étaient campées auprès de cette ville, en ont complètement détruit le pavé, nous demandons qu'il soit rétabli aux frais de la République. »

— C'est très bien, observa le maire. *Meenen se â wie ich, Ihr Herre?* (Etes-vous de mon avis, messieurs?)

— *Jo, jo, s'isch recht e so* (oui, oui, c'est exact) opinèrent les membres du conseil.

— *Also, lese se e mol weiter!* (continuez à lire), dit le maire.

«ART. 2. — Le nouvel ordre des choses prive cette commune d'un revenu considérable que le droit de péage et d'entrée lui assurait. Nous en faisons le sacrifice bien volontiers, et en ferons de plus grands encore pour concourir à défendre et à consolider la République, mais la ville a des dettes dont une grande partie a été contractée pour le service de l'Etat, mais le défaut de revenus fait peser sur les individus les dépenses journalières. Nous sollicitons que, par forme de secours, il soit accordé à cette commune une somme de 2.300 livres, à laquelle se monte environ la liquidation des objets, dont l'indemnisation a été mise par les décrets précédents à la charge du Trésor public. »

Cette rédaction n'ayant soulevé aucune objection, le procureur nasillait déjà les mots : article 3, lorsqu'un bruit épouvantable se fit entendre sur le palier, des cris, des jurons, et après un silence qui eut la durée d'un éclair la porte de la grande salle, ouverte brusquement, livra passage à un militaire portant les insignes de général.

Interloqués à la vue de ce personnage que nul d'entre eux ne connaissait et dont rien ne semblait justifier la présence au milieu de leur assemblée, les conseillers échangeaient entre eux des regards interrogateurs, pendant que le maire se levait et allait à la rencontre du nouvel arrivant. Celui-ci, qui avait le chapeau à la main et qui s'était incliné avec une aisance pleine de distinction, prit aussitôt la parole.

— Je suis le citoyen général Ferrier, désigné pour commander les troupes campées à Wissembourg et aux environs, et j'ai tenu, en arrivant ici, à rendre aussitôt visite au conseil général de la commune. Seulement, il n'est pas facile de pénétrer jusqu'à vous, citoyens, car un imbécile de factionnaire, parlant je ne sais quel charabia, défend l'accès de la salle des délibérations qui pourtant, sauf erreur, doit rester ouverte pendant vos séances. Eh! f..., citoyens, à la façon dont vous vous faites garder, on serait tenté de croire que l'on s'occupe ici de choses suspectes...

Le ton et l'attitude du général, qui avait, en entrant, salué d'une façon plutôt cérémonieuse, avaient subi une modification et n'étaient plus encourageants. Le maire, comprenant que cet incident ridicule, dont les causes lui étaient inconnues, pouvait avoir l'influence la plus fâcheuse sur le sort de la pétition, fit aussitôt ses excuses :

— Croyez bien, citoyen général, dit-il, que nous

ne sommes aucunement responsables de ce qui est arrivé, et que nous en sommes très affligés. Nos délibérations sont publiques, et, depuis deux heures que nous siégeons, plus de quarante de nos concitoyens sont entrés et sortis. Une enquête va être ouverte à l'effet de savoir qui a placé un factionnaire devant la porte de cette salle, et je vous assure que les coupables seront punis. En tout cas, citoyen général, ne nous imputez pas à grief un incident que nul d'entre nous ne pouvait prévoir et qui doit provenir d'un malentendu.

Le général qui, au fond, n'était pas un méchant homme, se laissa convaincre par le ton de sincérité avec lequel ces paroles étaient dites. Il s'entretint assez longuement avec le maire et avec différents conseillers, notamment avec Cheverry qui, jadis, avait servi en même temps que lui au régiment de Bouillon, puis il se retira et gagna les appartements qui lui avaient été réservés à l'ancienne commanderie de l'ordre Teutonique.

Il s'agissait maintenant de faire la lumière sur ce qui avait eu lieu.

En homme avisé, le maire prescrivit de chercher les agents de police. De l'interrogatoire auquel ces derniers furent soumis, il résulta que « l'un d'eux, sans en avoir demandé l'autorisation à personne, avait cherché un grenadier au corps de garde de l'hôtel de ville et l'avait placé en faction devant la porte de la salle des délibérations, avec la consigne d'en défendre l'accès aux militaires et en même temps de leur indiquer le secrétariat, c'est-à-dire le bureau où on délivrait les billets de logement. Cet agent avait, de sa propre autorité, recouru à ce moyen pour empêcher les soldats de pénétrer dans la salle où délibérait le conseil. L'aide de camp du général s'étant présenté, le dit factionnaire lui avait demandé ce qu'il désirait, mais, comme il s'exprimait en très mauvais français, il en était résulté un malentendu et l'officier avait cru comprendre que l'entrée de la salle était interdite. En conséquence, le factionnaire a été renvoyé séance tenante au corps de garde et les agents de police ont reçu l'ordre de faire eux-mêmes désormais leurs affaires. Toutefois, comme ce malentendu pourrait être interprété défavorablement et occasionner des désagréments au conseil municipal, il a été ordonné que deux membres de l'assemblée se rendront chez le général et lui feront un rapport exact de ce qui s'est passé, en même temps, ils lui exprimeront tous les regrets que ce malentendu fait éprouver au conseil. Il a été ordonné, en outre, que le compte rendu écrit de cet incident sera inscrit au procès-verbal de la présente séance. Une copie de ce procès-verbal sera remise au général susnommé et une autre sera envoyée, à titre de renseignement, au Directoire du district. »

Le procureur de la commune, après avoir calligraphié le compte rendu que l'on vient de lire, d'un geste familier ramena ses lunettes dans leur position habituelle et, encouragé par un coup d'œil du maire, donna lecture de l'article 3, sur lequel il fondait les plus grandes espérances.

« Art. 3, reprit-il, — La commune demande à être comprise au dégrèvement pour 1791 et aux décharges pour 1792, sur la contribution foncière, pour une somme de 9.000 livres. Ce n'est point pour nous soustraire aux charges publiques que nous présentons cette pétition. Loin de nous un sentiment aussi lâche que coupable. C'est une justice que nous réclamons, une répartition juste et égale de ces charges, et nous osons ici rappeler à votre souvenir les preuves constantes et non équivoques de patriotisme et d'attachement à la République, que la commune de Wissembourg n'a cessé de donner depuis le commencement de la Révolution, son empressement à offrir des dons à la Patrie, son zèle à propager les bons principes et à s'armer pour leur maintien, les dons pour la guerre et les secours que cette commune s'est hâtée d'envoyer à nos frères d'armes. Il serait superflu de vous en faire de plus longs détails, nos sentiments vous sont connus, et, sur le rapport que le général Custine en a fait à la Convention Nationale, elle a daigné nous honorer de son approbation. Le serment de Liberté et Egalité que nous avons juré, est gravé dans nos cœurs et, quelles que puissent être les tentatives des tyrans et de leurs suppôts, forts de la bonne cause et des droits imprescriptibles de la Nature, que nous défendons, nous saurons les repousser avec avantage et sceller plutôt de notre sang l'unité de la République. Tels sont les sentiments des citoyens de Wissembourg, tels sont ceux du conseil général de la commune.

« Veuillez en recevoir etc., etc., etc. »

La pétition, malgré la tirade patriotique, très justifiée d'ailleurs, qui la terminait, eut le sort qui, fatalement, à cette époque, était réservé aux demandes de ce genre. (La commune paya comme si de rien n'était, et, six mois plus tard, après l'enlèvement des lignes par les Autrichiens et les

Condéens (13 octobre 1793), elle eut à verser, par ordre du feld-maréchal Wurmser, une forte contribution de guerre.)

L'incident qui avait eu lieu à l'hôtel de ville n'eut pas de suites. La municipalité de Wissembourg entretint les relations les plus cordiales avec le général Ferrier pendant le séjour assez long qu'il fit dans ses murs. Elle eut un certain mérite à cela, car *très patriote et très militaire, il n'était ni fort aimable ni fort sociable*, à ce que disait son ancien chef, Biron. Subalterne difficile à manier — ses altercations avec Custine, particulièrement après l'échec de Rülzheim, en sont la preuve — il s'entendit néanmoins si bien avec la population que celle-ci le regretta vivement. Réformé en octobre 1793 et retraité en 1800, il se retira à Luxeuil, où il mourut en 1828 à l'âge de 89 ans. Seuls de tous les habitants de Wissembourg, les agents de police conservèrent de lui un souvenir détestable et ne lui pardonnèrent jamais les reproches et le service supplémentaire qu'il leur avait indirectement valus. Encore peu d'années avant la guerre de 1870, le petit-fils de l'un d'eux racontait avec indignation:

— *Selle môls, wo der Chen'ral Ferrier...* (La fois où le général Ferrier...)

Tempi passati.

LE CARDINAL FESCH ET SES PARENTS DE BALE

A la dernière séance de la *Société d'histoire et d'archéologie* de Bâle, le docteur Schneider a donné communication de renseignements intéressants et peu connus sur l'existence du cardinal Fesch, antérieurement à la proclamation de l'Empire.

Franz Fesch, le père du cardinal, était originaire de Bâle (c'est ce qui explique la popularité dont a joui parmi les habitants de cette ville l'ancien primat des Gaules). Contrairement aux assertions des biographes, le docteur Schneider, qui semble avoir entre les mains des documents probants, affirme que Franz Fesch était entré en 1757, comme officier, au service de la république de Gênes et avait été envoyé en cette qualité à Ajaccio. Là, il fit la connaissance d'Angela Pietra-Santa, veuve de Ramolino et mère de Lætitia. Né en 1763, Giuseppe se trouva orphelin de bonne heure et fut élevé par sa demi-sœur, Lætitia, et par l'archidiacre Lucien Bonaparte, un vieux libre-penseur,

Malgré les dispositions qu'il manifestait pour le commerce, le jeune Fesch fut destiné à la carrière ecclésiastique et ordonné prêtre en 1787. Il occupa d'abord quelques emplois subalternes et profita des loisirs qu'ils lui laissaient pour s'adonner à la lecture et entretenir une volumineuse correspondance (1) avec son neveu, Napoléon Bonaparte, alors en garnison à Auxonne. En 1791, il prêta le serment constitutionnel et, à cette occasion, fit un discours qui lui valut une grande popularité parmi ses compatriotes corses.

Il menait une existence exempte de soucis, partageant son temps entre les études qui lui étaient chères et l'administration des biens du vieux Lucien Bonaparte et de sa belle-sœur Lætitia, quand soudain Pascal Paoli se mit en révolte ouverte contre la Convention, se jeta dans les bras de l'Angleterre et entama la persécution des familles demeurées fidèles à la France. Lætitia, ses enfants et Fesch durent se sauver en toute hâte et se réfugier à Toulon, où le futur cardinal occupa pendant quelque temps un emploi très infime dans l'administration des fourrages. Révoqué après le 9 thermidor, il traversa une époque critique. Certains prétendent qu'à cette époque il se maria et ouvrit à Marseille un cabaret dont les matelots formèrent la principale clientèle. Le docteur Schneider affirme que rien de ceci n'est vrai et que Fesch se livra simplement au commerce de vins en gros. Quoi qu'il en soit, il paraît que ses bénéfices dans cette affaire ne furent pas considérables, car, au

(1) Cette correspondance a été publiée en 1855 par le baron Du Casse.

début de l'année 1795, fatigué de cette lutte incessante contre la misère, il abandonna la partie et résolut d'aller à Bâle, le berceau de sa famille, où il espérait trouver un appui matériel auprès des parents qui habitaient encore cette ville.

Faute d'argent et vu le peu de sécurité des routes, il fit le voyage à pied. En arrivant à Genève, il se vit obligé de mettre en gage des effets d'habillements et des livres. A Yverdon, il fut victime d'une aventure assez désagréable. Il avait rencontré sur son chemin un prêtre émigré qui l'avait tout d'abord comblé de prévenances. Hélas! cet accord touchant devait être de courte durée, car l'autre ayant appris que Fesch avait prêté serment à la Constitution lui tomba dessus à bras raccourcis, le roua de coups et non content de ceci, mit tout en œuvre pour le faire arrêter par les archers de la ville de Berne. L'accueil dont il était l'objet sur le sol qui avait vu naître ses ancêtres, n'avait rien d'encourageant; néanmoins, il continua sa route et, à quelques jours de là, possédant pour tout bien cinq livres en monnaie et un peu de linge enfermé dans un mouchoir, fit son entrée à Bâle, où de nouvelles déceptions l'attendaient.

Son vieil oncle, Werner Fesch, notable bourgeois de la ville et pâtissier de son état, loin de lui ouvrir ses bras, comme il s'y attendait, le traita de renégat et lui montra la porte. Avant de quitter Marseille, il avait réalisé son avoir et l'avait converti en une lettre de change sur Bâle. Par une fatalité singulière, aucun banquier de cette ville ne consentit à l'accepter. Désespéré, il ne savait que devenir, lorsqu'une heureuse chance voulut qu'il rencontrât un parent éloigné, le chaudronnier Fesch,

8

qui lui offrit un abri. D'autres membres de sa famille l'invitèrent aussi à leur table, mais ils n'étaient pas riches et, en compensation il dut chercher à se rendre utile. Maintes fois, on le vit alors plumer des volailles ou remplir d'autres offices peu en harmonie avec son caractère ecclésiastique. Il se donna une peine infinie pour trouver un gagne-pain quelconque, mais toutes ses démarches demeurèrent vaines « parce que les protestants réformés de Bâle se refusaient à employer un renégat et que les émigrés français ne voulaient rien savoir d'un jureur ». Après avoir enduré bien des misères, il eut enfin la bonne fortune de rencontrer un officier autrichien qui, jadis, avait servi dans un régiment suisse en garnison à Ajaccio. Ce brave militaire, touché des malheurs de Fesch, prit chaudement parti pour lui et, à force d'instances, parvint à lui faire réaliser sa lettre de change, mais ne réussit pas à le raccommoder avec son oncle Werner. Le pâtissier demeurait sans pitié.

Un beau jour il y eut un revirement complet. Depuis la campagne de 1796, le nom de Bonaparte était dans toutes les bouches, et les Bâlois n'ignoraient pas les liens de parenté qui unissaient le célèbre général à ce Fesch, qu'ils avaient si mal accueilli. Celui-ci vit alors s'ouvrir à lui les bourses d'une foule d'amis connus ou inconnus ; gagné par la contagion, le vieux pâtissier lui-même fit amende honorable et obligea son neveu à accepter trois louis d'or. C'était le commencement des années prospères. Nommé commissaire des guerres à l'armée d'Italie, Fesch s'acquitta avec succès de plusieurs missions diplomatiques et, un jour, trouva une occasion de se libérer de la dette de reconnaissance qu'il avait contractée — on a vu comment — envers la Suisse.

Peu de temps avant de se rendre au Congrès de Rastadt, Bonaparte, alors installé à Milan, reçut la visite de Bernard Sarasin, de Bâle, représentant de la Confédération, envoyé auprès de lui pour essayer de sauver le district de Mendrisio (Tessin), dont le général avait ordonné l'annexion à la République cisalpine. Le hasard (?) voulait précisément que Sarasin eût été l'une des rares personnes qui, dès le début, eussent bien accueilli Fesch. Celui-ci ne se montra pas ingrat. Il intervint si chaleureusement auprès de son tout-puissant neveu que celui-ci rapporta sa décision et que la Suisse resta en possession du Mendrisotto (1), le district le plus riche et le plus fertile du Tessin.

Vers cette même époque, une évolution se fit dans l'esprit de Fesch. Probablement fatigué de la vie agitée qu'il menait depuis 1793, il reprit goût aux études philosophiques et religieuses et renonça complètement à jouer un rôle diplomatique ou militaire. Sacré archevêque de Lyon en 1802, il ne retourna plus en Suisse, malgré les instances de ses nombreux cousins et cousines. Là s'arrête la communication du docteur Schneider.

---

(1) Le Mendrisotto a une superficie de 103 kilomètres carrés.

AU CONGRÈS DE RASTADT (1797-1799)

NOTES D'UN TÉMOIN OCULAIRE

Le chevalier de Lang, archiviste de la principauté de Bayreuth, le même qui eut en 1806 l'honneur de loger sous son toit le général Maison et qui fut à maintes reprises le convive du maréchal Bernadotte, avait assisté comme secrétaire de la mission prussienne aux travaux du célèbre Congrès de Rastadt.

Dans ses mémoires, fort curieux à bien des titres mais très peu connus, il a croqué d'une plume alerte les représentants des diverses puissances à ce Congrès et fidèlement noté les particularités de l'existence que ces graves personnages menaient à l'époque dans la jolie petite ville des bords de la Murg.

Ces mémoires, auxquels certains reprochent leur ton léger, confirment en somme les appréciations de Bonaparte et justifient la brièveté du séjour qu'il fit à Rastadt. Ils expliquent à coup sûr la longueur interminable des négociations, l'échec final auquel elles aboutirent et donnent probablement le motif vrai de l'attentat dont furent victimes les représentants français, ainsi que le nom de celui qui l'avait machiné.

On sait que le Congrès avait été réuni dans le but de régler les conditions de la paix entre la France et l'empire d'Allemagne. Ce dernier y était représenté par un nombre incalculable de diplomates grands et petits, gens plus ou moins frivoles, au milieu desquels apparaissent (décembre 1798), graves, solennels, austères, voire même un peu lugubres — tels les trois anabaptistes du *Prophète* — Roberjot, Bonnier et Jean Debry. Comme le remarque le chevalier de Lang, les intérêts de chacun des États importants étaient défendus par une trinité.

Le chef de la mission autrichienne proprement dite, M. de Metternich, était un fort bel homme, à l'aspect imposant, couvert de broderies et de chamarrures et imbu de toutes les vieilles idées allemandes. Ses collègues et adjoints étaient : M. de Cobenzel, le même qui avait conclu avec Bonaparte le traité de Campo Formio, et le comte de Lehrbach. « Le premier, dit M. de Lang, était un petit homme, épuisé, anémié, au teint livide avec des yeux minuscules, sans cesse clignotants, et des gestes incohérents. Ne songeant qu'à s'amuser de toutes les manières, il manœuvrait néanmoins avec adresse dans ce milieu si formaliste et n'était pas dénué d'esprit. Le comte de Lehrbach, qui jouait le troisième rôle, était, par son visage, par sa façon de s'habiller et par sa manière d'être en général, ce que l'on appelle un grotesque. » On verra plus loin que le personnage ainsi malmené par M. de Lang, n'était pas aussi ridicule au moral qu'au physique. Le triumvirat prussien se composait du comte Gœrz, du baron Jakobi et de M. de Dohm.

Le comte Gœrz était un homme de manières très aimables, aux cheveux entièrement blancs, toujours souriant, ce qui lui permettait de montrer deux rangées de dents superbes et au complet. Il avait continuellement la main droite enfouie dans son gilet et jouait avec son jabot. Il parlait doucement, évitait de faire du bruit en marchant, et ne se mouvait qu'avec les précautions les plus diplomatiques. Le baron Jakobi, trapu, courtaud, lourd et d'aspect commun, ne cessait de remuer sa mâchoire à la façon des ruminants et avait toujours les doigts barbouillés d'encre. M. de Dohm, long et maigre avec ses yeux clairs et agréables et une bouche aimable, se montrait prévenant envers tout le monde. Quoique d'une santé précaire, il était de l'humeur la plus agréable et se faisait remarquer par la vivacité de ses saillies et l'indépendance de son langage. Enlevé à la carrière du professorat et lancé dans la diplomatie, ne sachant rien des futilités chères à cette dernière, il semblait avoir manqué sa vocation.

Si l'on admet que le tableau de travail des autres ambassades n'était pas plus chargé que celui des représentants prussiens, on s'explique aisément que les travaux du Congrès aient pu durer aussi longtemps.

Dès huit heures du matin, le comte Goërz, vêtu d'une longue houppelande et suivi de son *spitz* (chien-loup) blanc, se rendait chez son gendre, le comte de Rechberg, et de là chez ses amis, les comtes de Loben et d'Edelsheim. Son chien, qui l'attendait à la porte de ces messieurs, était une sorte d'enseigne vivante de ces conférences. Une fois entré dans ses appartements, le comte Gœrz notait les renseignements obtenus au cours de sa tournée puis, tous les cinq ou six jours, les réunissait dans un rapport qu'il rédigeait en un français des plus approximatifs. Autrement dit, il ne faisait usage que de mots latins auxquels il adaptait une terminaison française. Bien entendu, c'était incompréhensible pour tout le monde, aussi jamais un seul de ces comptes rendus n'est-il parvenu à Berlin. De onze heures à trois, visites faites ou reçues. De trois heures à six heures dîner, puis sieste, lecture de journaux et signature de pièces. De huit heures à minuit, théâtre. Et cela recommençait ainsi le lendemain et les jours suivants.

Le baron Jakobi n'employait guère mieux son temps. Se levant tard, ne quittant guère les jupons de sa très jeune femme, il était renseigné à domicile par MM. Stadion et Hompesch, deux petits abbés diplomates et grands admirateurs de la baronne, qui lui rapportaient fidèlement tous les cancans et potins de la ville. M. Jakobi, qui devait être un homme économe, sachant ménager son papier, notait au fur et à mesure ces nouvelles importantes sur les papillotes de son épouse, sur les billets, cartes de visite, enveloppes de lettres et autres chiffons traînant par terre. Lorsqu'il jugeait sa provision suffisante, il se rendait à son cabinet de travail et rédigeait un rapport qui débutait invariablement par l'une des deux phrases françaises suivantes :

« Sire, nous avons reçues les très gracieuses ordres de Votre Majesté du date de... » ou « Sire, nous n'avons reçues des ultérieures ordres depuis... »

Après cela, il courait à la chancellerie, faisait chiffrer sa dépêche, l'expédiait par courrier spécial et... recevait avec une régularité mathématique des compliments pour l'intérêt et la sûreté de ses informations. Seul, M. de Dohm travaillait sérieusement.

Quant aux négociateurs français, voici leur portrait d'après M. de Lang.

M. Treilhard ressemblait d'une façon étonnante aux notaires de théâtre, seulement, au lieu d'être en noir, il portait des vêtements de couleur. Gesticulant et plaidant sans cesse, on avait, en le voyant, l'impression que l'on se trouvait en face du tabellion chargé de rédiger le testament du saint empire germanique. M. Bonnier, toujours vêtu de noir, offrait l'apparence d'un chanoine bien nourri, mais silencieux et hautain. M. Jean Debry, un petit homme noir, tout sec, au regard étincelant, s'ennuyait mortellement au milieu de ces Allemands et puisait des consolations dans l'étude des classiques grecs. Ces trois messieurs ne dissimulaient pas leur dédain pour les hommes et les choses d'Allemagne. Au départ de Treilhard, celui-ci fut remplacé par M. Roberjot, un ancien commerçant, qui se montra plus aimable que ses collègues.

La Bavière, sans compter parmi les grandes puissances, était représentée à Rastadt par une véritable colonie de diplomates, dont le chef, M. de Preysing, était surtout renommé pour l'excellence de sa table et, en particulier, de ses hures de sanglier. Il fut remplacé ensuite dans ses fonctions par M. de Morawitzky, lequel devint par la suite ministre de la justice. Les autres personnages bavarois étaient : *doctissimus* Krennerus, M. Ming, M. Pallhausen, le comte de Montgelas et de Rechberg et le chevalier de Bray, à l'endroit duquel M. de Lang semble professer une médiocre sympathie.

Un certain chevalier de Bray, dit-il, s'était adjoint à la mission bavaroise en manière de *cavaliere serviente diplomatique*. Très intelligent, insinuant au possible, souple et toujours aux aguets, il avait été recommandé à M. de Rechberg par son beau-père, le comte Gœrz, lequel n'avait eu qu'à se louer de ses bons offices au Congrès de Ratisbonne. Quoique se donnant comme émigré, il était bien vu des plénipotentiaires français. Je crois que, par ses insinuations adroites et ses informations toujours sûres, il a rendu plus d'un gros service à la Bavière et même à la Prusse...

Il est impossible d'énumérer ici les représentants des innombrables petits États allemands ; néanmoins, il convient de citer le Badois Edelsheim, qui buvait comme un trou sans perdre un instant son flegme ; le comte de Rhedern, délégué hanovrien et grand amateur de mots composés, et auteur du vocable ci-après, destiné dans son esprit à qualifier le traité dont la conclusion serait le couronnement des travaux du Congrès. Ce mot *Reichsfriedenspacifikationsverhandlungstraktat* revenait, paraît-il, fort souvent dans ses conversations.

En plus des diplomates mêmes, de nombreux savants s'étaient donné rendez-vous à Rastadt. Parmi eux, on remarquait certains originaux, tel par exemple M. Samhaber, professeur de droit à Würzbourg, qui, par mesure de précaution, avait apporté un tonneau d'encre. Le baron de Haller, le futur historien du Congrès, mangeait alors à chacun de ses repas un Français. Plus tard, ses idées se modifièrent, car il devint secrétaire de chancellerie en France. Le célèbre Humboldt vint aussi à Rastadt, où il comptait rencontrer le minéralogiste Faujas. Un soir, invité à dîner par l'ambassadeur prussien comte Gœrz, il vint une heure et demie en retard, tout couvert de sueur et de boue, en bottes et en costume de voyage, ce qui ne manqua pas de jeter un froid dans l'assistance composée d'une foule de diplomates collet monté. Le comte Gœrz, voyant la mauvaise impression produite, excusa son illustre invité en disant à chacun :

— Je vous en supplie, ne vous en formalisez pas. C'est un savant...

Le ton était entièrement français à Rastadt. Au théâtre, les représentations étaient données par la troupe de Strasbourg. Les modes pour hommes et femmes étaient apportées directement de Paris, et le café, qui servait de rendez-vous à ce monde si bariolé, était tenu par un Strasbourgeois nommé Saglio.

Chose étonnante, l'Angleterre n'était pas représentée au Congrès, du moins pas officiellement. On savait qu'elle était renseignée sur tout ce qui s'y faisait, mais nul ne pouvait dire d'une façon précise les noms de ses agents. On se bornait donc à émettre des suppositions.

Le chevalier de Lang affirme à ce propos que les soupçons dont M. de Rhedern, le plénipotentiaire hanovrien, avait été l'objet, n'étaient nullement fondés, parce que ce personnage n'avait pas l'intelligence nécessaire pour remplir une pareille mission. En revanche, sans donner la moindre preuve à l'appui de ce qu'il dit être sa conviction, il attribue ce rôle au troisième plénipotentiaire autrichien, M. de Lehrbach.

Mieux que cela, il assure sans ambages que ce dernier a été le véritable instigateur du guet-apens dont les ministres français furent victimes dans la soirée du 21 avril 1799. C'est une version nouvelle, tout aussi acceptable que celles données jusqu'à ce jour. A vrai dire, elle paraît même beaucoup plus vraisemblable que les autres.

En effet, on ne conçoit pas très nettement l'intérêt que Bonaparte ou la reine Caroline de Naples, ou les membres du Directoire, ou certains émigrés auraient pu avoir à faire massacrer Bonnier, Debry et Roberjot. Par contre, on peut admettre jusqu'à un certain point que les Autrichiens aient cherché à s'emparer des papiers importants dont ils les croyaient possesseurs. Mais combien la solution proposée par M. de Lang ne semble-t-elle pas plus logique et plus conforme à la vérité !

« Il est indubitable, dit-il, que l'attentat a été commis par des militaires autrichiens. On peut même affirmer sans crainte de démenti qu'il l'a été par l'escadron (1) du capitaine Burkardt. En revanche j'ai l'intime conviction que ce dernier n'avait reçu d'ordre dans ce sens ni de ses chefs directs ni de la cour impériale.

Si l'on me demandait mon avis sur ce point, je

---

(1) Du régiment de hussards de Szekler, commandé par le colonel de Barbaczy.

répondrais en toute franchise que ce guet-apens a été organisé par le comte de Lehrbach à l'instigation des Anglais, qui avaient le plus grand intérêt à semer la discorde entre l'Allemagne et la France.

Vu ses accointances avec les commissaires anglais, vu aussi le rôle qu'il a joué dans les sanglants excès du Tyrol, rôle dont il m'avait entretenu avec la plus grande complaisance, je suis persuadé que c'est lui qui a machiné cet attentat contre des gens qu'il considérait comme ses ennemis, et qu'en agissant ainsi il a cru faire un acte des plus méritoires. Ce qui me fait croire en outre à sa culpabilité, c'est que, seul, un homme investi d'une haute autorité pouvait donner un tel ordre aux militaires autrichiens, c'est que, seul, un de leurs nationaux avait qualité pour se faire obéir d'eux... »

Il est certain que M. de Lehrbach ne fut jamais inquiété à ce sujet, tandis que le ministre prussien de Dohm qui, le jour même, avait ouvert une enquête et s'était efforcé d'éclaircir le mystère qui planait sur cette violation du droit des gens, avait, peu après, reçu de la cour de Prusse l'ordre de se tenir tranquille, et plus tard était tombé en une sorte de disgrâce.

L'ASSASSINAT DES PLÉNIPOTENTIAIRES DE RASTADT

UNE LETTRE INÉDITE DE L'ARCHIDUC CHARLES

Il est intéressant de signaler, après ce qui a été dit par le chevalier de Lang, une lettre découverte ces derniers temps parmi les papiers de l'archiduc Albert, qui, on ne l'ignore pas, était le fils du célèbre archiduc Charles. Celui-ci impute au général Schmidt la responsabilité de l'assassinat. Cette indication est bonne à retenir, mais rien ne prouve que ce général n'a pas agi à l'instigation de M. de Lehrbach.

L'ARCHIDUC CHARLES A L'EMPEREUR

Stockach, 18 mai 1799, 7 heures du soir.

Par l'intermédiaire du feld-maréchal-lieutenant comte Kolowrat.

« Très cher frère,

« Tu apprendras par ma lettre officielle les raisons pour lesquelles je t'envoie le feld-maréchal-lieutenant comte Kolowrat. Je ne saurais assez te dire combien l'incident de Rastadt a été désagréable et inattendu. Mais, la chose ayant eu lieu, je n'ai plus d'autre ressource que de rechercher les voies et moyens de l'expliquer au public de telle façon que des personnes occupant un rang distingué, soit à la cour, soit dans l'armée, ne puissent être soupçonnées d'y avoir pris une part quelconque.

« A l'occasion de ces malheureux événements, je me vois obligé de te demander, mon cher frère, une grâce toute particulière en faveur du général Schmidt. Celui-ci, entraîné par la haine qu'il éprouve pour les Français, et écrivant au lieutenant-colonel Mayer, de l'état-major (celui-ci est employé auprès du feld-maréchal-lieutenant Kospoth, commandant le corps de la Forêt-Noire), lui a soumis une idée ou plutôt des impressions, ainsi qu'il résulte de l'annexe n° 1 de mon compte rendu officiel. Mayer a donné au contenu de cette lettre, d'un caractère absolument privé, une signification particulière, et, de cette manière, l'affaire s'est envenimée. Chacun des subalternes y ajoutant du sien, il en est résulté fatalement ce malheureux événement.

« Le général Schmidt reconnaît avoir commis une grosse faute en écrivant à Mayer et en exprimant à ce dernier ses sentiments personnels sans m'en avoir rendu compte au préalable ni m'en avoir même dit un mot. Il ne peut se consoler de ce que le lieutenant-colonel Mayer ait interprété d'une façon aussi malheureuse des sentiments qui lui étaient essentiellement personnels et ait fait prendre une semblable tournure aux événements.

« Je considère la faute du général Schmidt

comme une étourderie, comme la manifestation inopportune de sa haine violente contre les Français. En agissant ainsi, il n'a pas réfléchi de sang-froid et ne s'est pas rendu compte des conséquences que pouvait entraîner son acte. C'est pourquoi je te prie encore une fois instamment de vouloir bien pardonner à Schmidt cette malheureuse étourderie.

« Si tu es disposé à m'accorder un jour une faveur, je te prie d'accéder à la demande que je t'adresse aujourd'hui, car je serais profondément désolé que Schmidt, qui s'est toujours conduit noblement et loyalement, et qui a les plus beaux états de service, fût victime d'une irréflexion passagère ou d'un sentiment passionné qui seraient louables et naturels en toute circonstance autre que la présente, où il était nécessaire de se montrer prudent et de faire preuve de délicatesse.

« Archiduc CHARLES. »

On s'expliquera d'autant mieux l'intérêt particulier que celui-ci portait au général-major Schmidt quand on saura que ce dernier était, à l'époque, le chef d'état-major général du prince. Le lieutenant-colonel Mayer qui, en réalité, s'appelait Mayer von Heldenfeld, était chef d'état-major du général Kospoth. Ni l'un ni l'autre ne furent punis. L'archiduc Charles avait écrit à Masséna pour lui exprimer l'horreur que lui inspirait l'assassinat des plénipotentiaires français et lui avait annoncé que les coupables seraient frappés exemplairement. Le colonel Barbaczy, le capitaine Burkardt et leurs hussards (de Szekler) furent effectivement traduits devant un conseil de guerre et... acquittés.

LA FUITE
DE LA
PRINCESSE DE HOHENLOHE-INGELFINGEN
(1799)

Le prince Frédéric-Louis de Hohenlohe-Ingelfingen, bien connu par le rôle qu'il a joué pendant les campagnes de la Révolution et de Prusse (1806), était un des plus beaux hommes de son temps.

Admis dans l'armée prussienne après la guerre de Sept ans, il s'était signalé à la retraite de Bohême (succession de Bavière, décembre 1778) et avait ainsi gagné la faveur du grand roi. Celui-ci n'ignorait pas la modeste situation (1) de son protégé. Aussi n'avait-il pas tardé à le nommer colonel et à le marier avec l'une des plus riches héritières de Berlin, Mlle de Hoym qui, au surplus, était d'une beauté remarquable.

(1) Au dire de ses contemporains, l'ensemble de ses revenus s'élevait à moins de 600 florins, ce qui était évidemment fort peu.

Cette union, malgré les six enfants qui en naquirent, ne fut rien moins qu'heureuse, et en 1799, vingt ans après sa conclusion — le prince avait alors cinquante-trois ans et sa femme près de quarante — se produisit un événement qui eut, à cette époque, un retentissement énorme.

Le 1er septembre, la princesse de Hohenlohe disparut de Breslau, ville dont son mari était gouverneur.

Cette fuite inopinée ne sembla pas inquiéter autrement le prince, car il ne lança personne aux trousses de sa volage épouse et n'avisa de rien les autorités des pays où elle aurait pu chercher un refuge. L'aventure, selon toute apparence, n'était donc pas destinée à faire grand bruit au dehors... et ce fut précisément le contraire qui eut lieu, grâce à un concours de circonstances bizarres et au zèle intempestif de quelques fonctionnaires de Dresde.

L'histoire vaut la peine d'être contée, car elle a enrichi les archives royales d'un dossier aussi intéressant que volumineux. Elle commence à la façon d'un roman de cape et d'épée, mais elle est véridique malgré cela.

Le 6 septembre 1799, une chaise de poste attelée de quatre chevaux venait s'arrêter, à la tombée de la nuit, devant l'hôtel de Pologne, le plus réputé de Dresde à l'époque.

Une dame, accompagnée d'une seule femme de chambre, descendit de la voiture, demanda un appartement et, prévenant les questions d'usage que l'hôtelier se disposait à lui adresser, déclara qu'elle était la princesse de Hohenlohe-Ingelfingen, épouse du lieutenant-général, gouverneur de Breslau.

Le même jour, à peu près à la même heure, un

équipage plus modeste avait amené à l'auberge *Zum blauen Stern* (l'Étoile bleue), à Neustadt (1), un voyageur qui se faisait appeler M. de Rosen. Le lendemain matin, à la première heure, ce personnage alla rendre visite à la princesse. Lorsqu'on lui demanda : « Qui faut-il annoncer ? » il déclara qu'il était le *sekretair Müller*. Ce nom étant connu, même en Allemagne, on introduisit le visiteur et l'on ne s'occupa plus de lui, si bien que, plus tard, nul ne sut dire à quelle heure il était reparti. Le soir, la princesse se mit au lit de très bonne heure et la nuit du 7 au 8 s'écoula sans que le moindre bruit vînt frapper les oreilles des habitants de l'*hôtel de Pologne*. Conformément aux ordres de sa maîtresse, la femme de chambre vint la réveiller, à huit heures du matin; mais à peine eut-elle pénétré dans l'appartement, qu'elle en ressortit en poussant des cris affreux et en appelant au secours. En un clin d'œil, le personnel de la maison fut sur pied.

La chambre à coucher de la princesse offrait un aspect terrifiant. De larges flaques de sang inondaient le parquet; un bonnet de nuit, une chemise, une paire de bas en étaient recouverts; enfin une longue traînée s'étendait depuis le lit jusqu'à la fenêtre du milieu. Quant à la princesse, il n'en existait pas trace. Elle avait été assassinée, c'était clair, et les meurtriers avaient emporté son corps, ainsi que le prouvait la traînée sanglante. Au surplus, la majeure partie de ses bijoux — tous ceux ayant une certaine valeur — avaient disparu.

Aussitôt prévenue, la justice ouvrit une enquête

---

(1) Partie de la ville, située sur la rive droite de l'Elbe.

et fit, dès le début, deux constatations intéressantes au plus haut degré. Tout d'abord, elle établit sans grand'peine que la traînée s'arrêtait à la fenêtre, et que par conséquent le corps n'avait pas été sorti par là; d'autre part, le plancher du corridor étant également net de toute souillure, il était clair qu'on ne l'avait point passé par là. Dans ces conditions, une seule hypothèse subsistait, c'était que la princesse n'avait pas été assassinée, mais qu'elle s'était sauvée purement et simplement. Un deuxième détail confirmait cette hypothèse : la fameuse cassette avait été, non point forcée, mais ouverte avec sa propre clef... qui était restée dans la serrure.

Poursuivant leur enquête, les magistrats acquirent la certitude que le *sekretair Müller* avait participé à la mystification. De l'auberge *Zum blauen Stern*, où il s'était fait inscrire sous le nom de M. de Rosen, et d'où il avait brusquement disparu, l'on suivit sa piste et l'on apprit que, dans l'après-dîner du 7 septembre, il avait loué pour le compte d'un M. de Willersee un bateau amarré à l'Elbberg. Au dire des autres bateliers, ce M. de Willersee s'était embarqué le 7, à une heure très avancée de la soirée, et avait commandé qu'on le transportât à Magdebourg. Les mêmes, questionnés par les magistrats, déclarèrent n'avoir pas vu de femme accompagner ce personnage. Une fois en possession de ces renseignements, le tribunal décida : « qu'à défaut de crime, il y avait eu mystification, et que les auteurs de cette dernière méritaient une punition ». En conséquence, des gens à cheval furent expédiés dans toutes les directions avec mission de procéder à l'arrestation des fugitifs.

Ce fut ainsi que l'actuaire Georgi et l'auditeur

Heyner partirent à franc étrier dans la direction de Meissen, où ils arrivèrent sur le coup de cinq heures du soir. Là, on leur apprit qu'à huit heures du matin le service de la navigation avait visé les papiers d'un sieur Bartsch Samuel qui avait déclaré « transporter à Magdebourg plusieurs passagers et une voiture de voyage ». Persuadés qu'ils étaient sur la piste, sinon de la princesse, du moins du *sekretair Müller* (Rosen ou Willersee), les deux écuyers improvisés reprirent la poursuite.

Bref, à Torgau, où ils mirent pied à terre le 9 septembre, à 3 heures du matin, ils acquirent la certitude que le bateau n'avait pas encore passé là. Séance tenante, ils donnèrent communication de leurs instructions aux employés de la navigation; ensuite, ils se rendirent auprès de l'*amtmann* (bailli) Alberti. Ce digne fonctionnaire, très ami de son repos et, par suite, horriblement vexé d'avoir été réveillé à pareille heure pour une affaire d'aussi mince importance, éleva une foule d'objections et ajouta, par manière de conclusion, que tout cela ne le regardait pas. Mais les deux autres tinrent bon et rétorquèrent ses arguments, non sans aller fréquemment jeter un coup d'œil du côté de l'Elbe.

Un peu avant six heures du matin, l'auditeur vint annoncer que le bateau, arrivé à l'instant même, avait été arrêté. Nullement impressionné par cette nouvelle, l'*amtmann*, qui décidément craignait pour ses bronches, refusa net d'accompagner ses contradicteurs. Cependant, il voulut bien, tout en faisant ses réserves, leur adjoindre son *amtsfrohn* (sergent, huissier).

Après une foule d'incidents hilarants, mais dont le détail entraînerait trop loin, ils mirent successivement la main sur le *sekretair Müller* et les bateliers. Le premier donna des explications assez confuses sur le but de son voyage et nia une participation quelconque aux événements de Dresde. Quant au patron du bateau, il déclara qu'il avait à son bord une dame « alitée et malade ».

Avisé de ceci, n'ayant d'ailleurs plus la possibilité de prétexter l'heure matinale, le bailli résolut de prêter son concours aux justiciards de la capitale. Il comptait au nombre de ses amis un certain lieutenant de Bose, lequel avait le faible d'énumérer à tout bout de champ les personnes du beau monde qu'il prétendait connaître. Or, la princesse de Hohenlohe était de ce nombre, à ce qu'affirmait l'*amtmann*. Celui-ci fit donc mander le lieutenant et se rendit avec lui à l'endroit où était amarré le bateau.

Vu les faibles dimensions de cette péniche, le bailli pénétra seul dans la cabine où la dame était couchée. Malgré ses révérences et ses protestations de dévouement, il n'apprit rien, la malade s'étant bornée à lui déclarer « qu'on lui faisait beaucoup trop d'honneur et qu'elle n'était pas une Altesse sérénissime ». Le lieutenant de Bose entra et ressortit aussitôt, disant qu'il n'avait pas reconnu la princesse, « mais qu'il pouvait se tromper, *attendu qu'il ne l'avait jamais vue* ».

Ce fut l'actuaire Georgi qui réussit à démêler la vérité. A force de presser la malade, il en tira l'aveu « qu'elle était bien la personne cherchée, mais que le jeune homme trouvé en sa compagnie n'était là que pour la chaperonner jusqu'à l'endroit où elle retrouverait les membres de sa propre famille ». Enhardie par la déférence que lui témoignait l'actuaire, elle lui donna sa parole d'honneur que « ce jeune homme était complètement innocent, bien que les apparences fussent contre lui, et que, par conséquent, elle ne pouvait se désintéresser de son sort ».

Là-dessus, les mandataires de la justice l'assurèrent « qu'à leurs yeux cette déclaration justifiait amplement le jeune homme, mais qu'ils n'avaient pas le droit de le relâcher; que, par contre, elle-même était libre sur l'heure d'aller où bon lui semblerait ».

La princesse, quelque peu rassurée, demanda que le chancelier de Zedwitz fût mis le plus vite possible au courant de la situation, afin qu'il pût en informer l'Electeur de Saxe « dans les bras duquel elle se jetait ». Quant au « jeune homme innocent », qui depuis son arrestation se faisait appeler M. de Villerose, il montra une belle résignation. De la prison où il fut mis provisoirement, il adressa à la princesse une épître singulière, dont voici quelques passages :

« La fatalité en a décidé autrement, et moi je reste ici. Je pense que vous aurez la bonté de repartir aussitôt, afin de couper court au scandale. Le meurtre et le vol sont caractérisés, et du moment où vous partirez, cela ne signifiera plus rien, sauf que je resterai ici; mais il ne faut pas vous en chagriner, car advienne que pourra. Allez jusqu'à Magdebourg et personne ne vous dira rien. Si vous avez besoin de mon domestique, gardez-le. Vous aurez la grâce de me renvoyer mes effets; vous y trouverez l'argent. Vous voudrez bien avoir la grâce de me dire combien je dois garder pour moi, car je suis dénué de ressources. Mon malheur me vexe — comment? vous le savez! Portez-vous bien, tranquillisez-vous, tout s'arrangera. Le batelier Bartsch a reçu 5 thalers saxons, à titre d'arrhes, cela fait 6 thalers et 16 gros; et si vous allez jusqu'à Magdebourg, il aura droit à 58 thalers et 8 gros... — Signé : L. de Santha. »

Un mot pour expliquer ce cinquième avatar du « jeune homme innocent ». Des papiers trouvés sur lui, il était résulté qu'il n'était ni Müller, ni Rosen, etc., etc.; mais bien le premier lieutenant prussien de Santha, du régiment de Stockhausen, et ceci n'avait pas manqué d'inspirer au bailli de nouveaux scrupules et l'idée de remettre le prisonnier aux mains de l'autorité militaire. A la suite de quoi, M. de Santha fut donc confié au poste principal de la ville, qui était commandé par un officier.

Pendant que les magistrats avaient mené ces enquêtes successives, le menu personnel policier de leur suite n'était pas resté inactif, car il avait découvert dans un recoin du bateau le domestique du lieutenant, un nommé Ernerschkowitz, qui s'était prudemment caché. Soumis à un interrogatoire, cet individu déclara « être depuis quelque temps au service de M. de Santha, mais avoir été prêté par lui, pendant un mois, au lieutenant de Sacken et n'avoir repris ses fonctions auprès du premier que peu de jours avant son départ de Breslau... En cours de route, son maître était allé chercher une dame qu'il avait ramenée au bateau en disant que c'était sa femme... A Dresde, son maître lui avait donné l'ordre d'acheter une bouteille de sang... », etc.

Le bailli, tout enchanté de n'avoir plus à s'occuper de rien, puisque la princesse avait été rendue à la liberté et son compagnon remis à la garde de l'autorité militaire, entra dans une fureur abominable à la vue d'Emerschkowitz amené par les policiers qui s'imaginaient avoir fait merveille. Bon gré mal gré, il fallait donc prendre une décision à son sujet, et elle fut moins naturelle que simple : le domestique fut enfermé à la prison.

Le 11 septembre, le bailli reçut l'ordre de prendre des informations concernant la princesse et de faire savoir ce qu'elle était devenue. Dès onze heures du matin, il répondit que le même jour, à huit heures, elle était partie en « Extrapost », se rendant à Eilenburg. Le 16, il fut avisé d'avoir à se faire livrer par l'autorité militaire le lieutenant de Santha, de le faire incarcérer à la prison civile et d'instruire son affaire. La bonne étoile de l'*amtmann* lui évita cette corvée, attendu que l'autre avait pris la clef des champs dans la nuit du 13 au 14.

Le bailli, qui décidément n'aimait pas les histoires, se garda bien de porter aussitôt le fait à la connaissance de ses supérieurs. Il n'en rendit compte qu'à la date du 2 octobre, ajoutant incidemment qu'à défaut du lieutenant il avait encore entre les mains « une culotte, du linge et différents objets appartenant à ce dernier, ainsi que le valet Emerschkowitz ». La mise en liberté de ce malheureux ne fût prononcée qu'un mois plus tard. Restaient la culotte, le linge, etc., etc., au sujet de quoi M. de Santha écrivit nombre de fois au bailli, sans que celui-ci, fidèle à ses habitudes, se donnât la peine de lui répondre, à plus forte raison de lui restituer son bien.

Enfin en novembre 1801, le sénateur Schulz, avocat-conseil de Mme de Hohenlohe, ayant fait parvenir à qui de droit le montant des frais occasionnés par l'aventure en question, l'*amtmann* fut autorisé à remettre la fameuse culotte et le reste au lieutenant de Bose, qui se chargea d'expédier le tout à son camarade de Santha.

Le dossier de Dresde n'en dit pas plus long sur cette affaire, mais il est de notoriété publique que le divorce entre le prince et la princesse fut prononcé à la fin de l'année 1799. D'autre part, le général de Wolzogen raconte dans ses Mémoires que l'héroïne de ce récit, après avoir passé quelque temps à Magdebourg, s'était fixée dans le Mecklembourg et avait épousé M. de Sacken.

En revanche, à partir de novembre 1801, toute trace de M. de Santha disparaît. Désormais rentré en possession de sa culotte, il vécut, selon toute apparence, à la façon des peuples heureux. Peut-être aussi fut-il balayé par la tourmente d'Iéna, si fatale au prestige militaire de M. de Hohenlohe ?

BERNADOTTE
ET SA CANDIDATURE AU TRÔNE DE NUREMBERG
EN 1806

La principauté d'Ansbach, cédée à la Prusse en 1791 après la mort du margrave Alexandre d'Ansbach-Bayreuth, recédée par Frédéric-Guillaume III à la France, en 1806, par échange avec Clèves et Berg, était occupée au début de cette année par les troupes du maréchal Bernadotte, qui avaient relevé le régiment prussien de Tauenzien, jusqu'alors stationné dans la ville d'Ansbach.

La situation n'avait rien de charmeur pour les habitants. Pendant la courte période durant laquelle ils avaient été Prussiens, ils avaient dû acquitter des impôts excessifs, héberger les officiers et les soldats du régiment de Tauenzien, puis, brutalement, alors que, petit à petit, ils s'habituaient à cet état de choses, du jour au lendemain on leur avait fait connaître que leur pays reviendrait à la Bavière dans un temps peu éloigné.

Une fois les Prussiens repartis pour la principauté de Bayreuth — qu'ils perdirent seulement au traité de Tilsitt — Bernadotte fit son entrée solennelle dans la ville d'Ansbach, accompagné de troupes nombreuses, parmi lesquelles figuraient : le 8ᵉ de ligne, le 45ᵉ, le 54ᵉ, le 76ᵉ, le 94ᵉ, le 95ᵉ, le 100ᵉ, le 103ᵉ, etc., etc.

Chacun des habitants, par suite de cette affluence de militaires, eut à loger quelques officiers et une masse de troupiers. Malgré sa qualité de fonctionnaire prussien, tout disposé il est vrai à passer au service bavarois, M. Heinrich Karl Lang, archiviste de la principauté, remplissant en outre des fonctions quelque peu analogues à celles d'un secrétaire général de préfecture, dut offrir son deuxième étage au général Maison (le futur maréchal). Celui-ci, trouvant son logement trop exigu, l'abandonna dès le lendemain et y fut aussitôt remplacé par un officier supérieur attaché à l'état-major de Bernadotte, le chef d'escadron Berton, le même qui devait, à seize ans de là, mourir sur l'échafaud à Saumur.

Berton, beaucoup plus modeste que le général, occupait seulement trois pièces de l'étage. Ceci permit à l'archiviste Lang de loger à différentes reprises quelques-uns des nombreux officiers attirés à Ansbach par les fêtes qu'offrait le maréchal. Très large dans ses invitations, ce dernier n'oubliait jamais de convoquer les notables. A cet effet, il leur adressait personnellement des cartes calligraphiées, rédigées dans les termes que voici :

« Le maréchal Bernadotte prie monsieur le conseiller Lang de lui faire l'honneur de venir passer la soirée chez lui, le dimanche 25. On se réunira à neuf heures. Il y aura bal. »

Il s'agit ici d'une soirée donnée par le maréchal Bernadotte le 25 avril 1806, et à laquelle assistèrent trois autres grands dignitaires, savoir : Mortier, Davout et Lefebvre.

Le conseiller Lang, qui, pour rien au monde, n'aurait voulu manquer à une fête pareille, a dépeint dans les termes que voici les quatre grands hommes ainsi rencontrés par lui :

« Bernadotte, si long qu'on n'en voyait pas la fin, était excessivement bien. Il avait des sourcils très épais et des yeux flamboyants. Mortier, encore plus grand que lui, coiffé à l'ancienne mode avec une immense queue très roide, avait l'air d'une sentinelle quelconque. Lefebvre, un vieux sous-officier alsacien, était accompagné de son épouse, une ex-blanchisseuse. Enfin Davout, un petit homme très chauve, sans aucune prétention, valsait avec un entrain extraordinaire. »

En passant, M. Lang décerne au futur duc d'Auerstaedt un certificat de bonne vie et mœurs conçu dans les termes suivants :

« De tous les grands dignitaires français logés à Ansbach, Davout était le plus tranquille et le moins exigeant envers les personnes chez lesquelles il habitait. Il ne promettait nullement, alors, de devenir le tyran sous les traits duquel, plus tard, l'ont dépeint les habitants de Hambourg. »

Quant à Berton, lequel devait finir ses jours sur l'échafaud, à Saumur, après la tentative de soulèvement de l'ouest que l'on connaît, c'était, au dire de M. Lang, « un homme vif, intelligent, facile à vivre et pourvu d'une certaine instruction ».

Cet officier d'état-major et cet archiviste, si différents par la race et l'éducation, finirent par s'entendre si bien qu'ils n'eurent, au bout d'un temps fort court, plus rien de caché l'un pour l'autre et qu'ils ne se quittèrent plus. Celui-là était, il est vrai, sincèrement dévoué aux idées républicaines, « bonapartiste parce qu'il ne pouvait faire autrement », et plein de défiance à l'égard de Bernadotte, son chef, « dont la conduite louche en maintes circonstances l'avait frappé ».

Le 24 mai 1806, le maréchal, en présence des commissaires prussiens, transmit officiellement la principauté d'Ansbach aux délégués nommés par le roi de Bavière et au comte de Thurheim, président désigné de la nouvelle province.

A cette occasion, Bernadotte, qui depuis son arrivée à Ansbach avait eu en permanence table ouverte, donna plusieurs fêtes magnifiques, dont les habitants de la région parlèrent longtemps.

Parmi les familiers du maréchal, un certain baron de Gaston se faisait remarquer par l'excellence de son appétit et la persistance de sa soif.

« Ce personnage, dit le conseiller Lang, était Gascon de naissance. Autrefois colonel et commandant de la place de Longwy (1), qu'il avait livrée aux Prussiens, il vivait à Ansbach d'une pension que ceux-ci lui faisaient. Or, Bernadotte avait servi à son régiment et y avait gagné ses galons de caporal (2). En souvenir de ceci, le maréchal lui témoignait une bienveillance extrême et jetait un voile sur tout ce que l'on reprochait à ce personnage ; c'était une façon de voir que ne par-

(1) M. de Gaston était effectivement colonel du 54e de ligne et commandant de la place de Longwy en 1792.
(2) C'était à ce régiment qu'il s'était attiré le surnom de *Sergent Belle-Jambe*.

tageait aucunement le général Lalance (1). Dînant un jour chez Bernadotte et passant à proximité du baron qui avait déjà pris place à table, il lui donna une légère tape sur l'épaule en disant :

« — *Eh ! monsieur Gaston, est-ce que vous êtes un parent de ce coquin-là qui a rendu Longwy ?* » (sic).

L'autre, d'abord assez interloqué, se ressaisit et, dissimulant son dépit, se frotta l'épaule et répondit :

« — *Mais, mon général, comme vous êtes fort ! Vous m'avez frappé comme le diable* » (sic.)

Depuis son arrivée à Ansbach, le maréchal Bernadotte s'était efforcé d'entretenir les relations les plus cordiales avec les représentants de la population et avec les fonctionnaires. Parmi ces derniers, l'archiviste Lang était un de ceux qu'il mettait le plus à contribution et dont il affectionnait tout particulièrement la société.

— Eh ! monsieur Lang, lui disait-il chaque jour, je vous fais beaucoup travailler !

Et l'autre ne se plaignait pas du surcroît de besogne que lui occasionnaient les fréquentes notes de service émanant de l'état-major ou du propre bureau du maréchal, car celui-ci, par manière de compensation peut-être, s'épanchait dans son sein, lui exposait ses rêves d'avenir, et, à vrai dire, tout en le considérant comme fort instruit, le prenait apparemment pour ce qu'il n'était pas.

— « Vous ne pouvez vous imaginer, me disait-il

(1) Alexandre Lalance, ex-général de brigade de l'artillerie cisalpine (1800), était en 1806 inspecteur aux revues à l'armée de Hanovre.

un jour, tout le plaisir que j'aurais à administrer un État. Ainsi, je vous le déclare en toute sincérité, je n'ai jamais été plus heureux qu'à Hanovre où, durant mon séjour, j'ai eu continuellement à faire acte d'administrateur. Souvent dans mes rêves je me figure que le pays d'Ansbach a été érigé en principauté à mon intention. Ah ! je sens que je ferais le bonheur de ce peuple, surtout si je vous avais à mes côtés en qualité de conseiller d'État. — Et ce manége dura longtemps, aussi longtemps que le séjour de Bernadotte à Ansbach. »

Le conseiller Lang n'était pas une bête. Quoiqu'il n'eût pas connaissance de la conspiration ourdie peu d'années auparavant à Rennes contre le pouvoir consulaire et qu'il fût incapable de deviner les prétentions que le même Bernadotte aurait un jour au trône de France, il se méfia de lui, et, tout en prêtant l'attention la plus grande à ses confidences, évita de lui donner prise.

« — La conduite et le langage du maréchal, dit-il, prouvaient que Bernadotte avait une idée fixe, l'idée de se procurer un sceptre n'importe où ni comment. »

Or, l'affaire d'Ansbach ne présentait aucune chance de réussite, car la Bavière, qui avait cédé à la Prusse un territoire peuplé de 20.000 âmes, afin de lui permettre d'arrondir le margraviat de Bayreuth, et la Prusse, désireuse de s'agrandir d'abord, et séduite par l'idée de s'assurer la navigation exclusive de l'Elbe et le port de Hambourg, le plus riche entrepôt du continent, ne songeaient ni l'une ni l'autre à se priver de tels avantages dans l'unique but de procurer au maréchal Bernadotte la principauté de ses rêves.

Celui-ci, voyant qu'il avait fait fausse route, dirigea ses vues d'un autre côté. Ne sachant pas que la ville libre de Nuremberg figurait parmi les nouvelles possessions attribuées par Napoléon à la Bavière, il résolut de faire une démarche, sur la nature et les résultats de laquelle le conseiller Lang donne, en ses mémoires, des renseignements fort curieux et — sauf erreur — inconnus du public français.

« Un beau jour, mon garnisaire, M. Berton, débarqua à Nuremberg et se présenta au conseil, disant qu'il avait à lui faire une communication de la plus haute importance. La plupart des membres de l'assemblée ne se trouvant pas sur les lieux, il fut décidé que le Sénat se réunirait à une heure assez avancée de la soirée. Au début de la séance, le chef d'escadron Berton fut introduit dans la salle des séances et donna lecture d'un très long discours français auquel la plupart des assistants ne comprirent goutte — soit dit en passant — et dont le sens général était à peu près celui-ci : « Braves habitants de Nuremberg, vous auriez aux points de vue commercial et politique le plus grand avantage à placer votre ville et les territoires qui en dépendent sous la suzeraineté de l'empereur Napoléon et à prier ce dernier de vous donner pour souverain l'un de ses plus grands et plus nobles compagnons d'armes. » (Dans cette proclamation, dit M. Lang, il manquait seulement le nom de Bernadotte.)

On pense bien que MM. les sénateurs, conseillers et membres du *magistrat* de la bonne ville de Nuremberg, très entichés de leurs libertés municipales et médiocrement enchantés du plan qui leur était soumis, demandèrent le temps de réfléchir. Berton, en vrai républicain, trouva la chose fort naturelle et accorda tous les délais que l'on voulut.

Or, pendant ce temps, un certain M. de Tucher, qui avait eu vent de l'attribution prochaine de Nuremberg à la Bavière, courut bien vite à Ansbach et prévint M. de Thürheim des ouvertures que Berton avait faites au nom, plus ou moins déguisé, de Bernadotte. Le commissaire en chef bavarois n'eut rien de plus pressé que de porter la chose à la connaissance de son gouvernement.

Berton, lassé d'attendre une réponse que ces messieurs de Nuremberg ne se pressaient nullement de lui faire parvenir, boucla ses cantines et revint à Ansbach, où son chef l'accueillit assez tièdement.

« A quelques jours de là, M. Berton reçut du prince de Neufchâtel une lettre le priant de se rendre en toute hâte à Munich. Il s'empressa de déférer à cette invitation, car il ne se doutait aucunement du motif auquel elle était due. Aussitôt arrivé dans la capitale du nouveau royaume, il fut se présenter au major-général. Celui-ci lui demanda sans ambages et d'un ton brusque :

« — Est-ce vous qui avez fait au conseil de Nuremberg la proposition de mettre cette ville sous la domination de l'empereur ?

« — Oui, certes, répondit Berton avec la franchise la plus louable.

« — Cette démarche fait le plus grand honneur à votre cœur de Français, répliqua Berthier fort sèchement. Mais vous êtes officier, et comme tel, vous n'avez pas à vous immiscer dans des affaires qui sont du domaine exclusif de la diplomatie. En conséquence, j'ai reçu l'ordre de vous infliger trente jours d'arrêts. C'est tout ce que j'ai à vous communiquer. Rejoignez immédiatement votre poste et rendez compte au maréchal de la punition que je vous ai notifiée. »

Berton revint donc assez tristement à Ansbach et réintégra le logement qu'il occupait chez le conseiller Lang.

Celui-ci, frappé de ce retour si peu triomphal, inquiet de voir son hôte se confiner dans son appartement, et pour tout dire — car un archiviste est un homme comme les autres — curieux de savoir ce qui s'était passé à Munich, alla frapper à la porte de son garnisaire :

« M. Berton subissait sa punition dans son appartement. Afin de consoler le pauvre prisonnier, je lui tenais société et prenais mes repas avec lui », raconte M. Lang, sans se douter qu'en agissant de cette manière il aidait Berton à *violer ses arrêts*. Au sortir de table, nous nous livrions à toute sorte de déclamations et M. Berton, régulièrement, me donnait lecture du discours qu'il avait adressé aux gens de Nuremberg. Pour charmer ses loisirs, il prenait aussi des leçons d'allemand. Toutefois, il n'a jamais réalisé de progrès notables dans l'étude de cette langue...

Bernadotte semble être resté en dehors de cette affaire dont il n'est fait mention dans aucune pièce officielle de l'époque. Cette fois encore il avait su tirer son épingle du jeu et s'abriter derrière son officier d'ordonnance, imitant ainsi le procédé qu'il avait déjà employé avec le frère de Marbot. Il est même à supposer que Napoléon Ier n'avait pas eu connaissance de cet incident, car, à un mois de date à peine — le 5 juillet 1806 — il conféra au maréchal le titre de prince de Ponte-Corvo. L'on connaît la suite de l'histoire...

Si l'homme intriguait, le chef savait maintenir parmi ses troupes la discipline la plus rigoureuse, et l'on ne peut se défendre d'un sentiment de plaisir en lisant ces quelques lignes écrites par le conseiller Lang, dont l'amour pour les Français n'avais rien d'exagéré :

« Pendant mon absence — Lang avait été envoyé en mission à Nordlingen — les garnisaires qui remplissaient ma maison étaient partis. Bien qu'étant demeurés assez longtemps seuls chez moi, sans personne pour les surveiller, ils s'étaient conduits avec une convenance, une mesure et une honnêteté que je ne saurai jamais louer suffisamment. Malgré la précipitation avec laquelle s'était effectué leur départ, ces troupiers n'avaient pas touché à un clou chez moi ni emporté quoi que ce fût... »

Il était bon de relever cette constatation, car on n'en trouve pas fréquemment de pareilles, même dans les souvenirs de personnages allemands, à qui la simple reconnaissance aurait dû faire un devoir de se montrer impartiaux envers des gens auxquels ils devaient tout.

L'ENTRÉE DES FRANÇAIS A BERLIN

(24 OCTOBRE 1806)

RACONTÉE PAR UN HABITANT DE CETTE VILLE

C'était le 24 octobre.

Plusieurs journées s'étaient écoulées depuis que Schulemburg (1) avait fait afficher sa fameuse proclamation, et les vainqueurs d'Iéna et d'Auerstädt n'étaient pas encore à Berlin.

Par suite d'une indisposition, je n'allais pas en classe depuis quelques jours. Tout à coup, vers onze heures du matin, mon frère aîné revint, hors d'haleine, criant :

— Les voilà ! Ils arrivent par la porte de Halle !

Quand il se fut un peu remis, il nous dit qu'une troupe de cavaliers, peut-être deux cents hommes, venait d'entrer par la porte de Halle.

— Ils sont en train de vider des bouteilles de vin.

---

(1) Gouverneur de Berlin et beau-père de Hatzfeld.

— Comment sont-ils ? lui demanda-t-on.
— Tout verts.
— Ce sont des Russes.
— Non pas, répondit mon frère, j'ai causé avec eux. Ce sont des Français. Je leur ai demandé combien ils étaient et ils m'ont répondu : « cent cinquante mille hommes. »

Tout le monde se précipita aux fenêtres donnant du côté de la porte de Halle, mais nous ne vîmes rien, car c'était trop loin.

Notre rue (Friedrichstrasse) était complètement déserte. Tout à coup ma mère s'écria :

— Dieu ! les voici !

Un cavalier passait au petit trot. Je me le rappellerai toujours. C'était un chasseur avec un shako, un dolman et un pantalon vert ; il montait un bai brun très maigre. Il n'avait aucune arme à la main et fumait, à grosses bouffées, une courte pipe en terre.

Fumer dans la rue ! Voilà qui était du nouveau pour nous autres Berlinois !

A son côté gauche pendait un grand sabre qui traînait presque à terre ; à sa droite il avait une carabine.

Ce militaire, qui était fort jeune, tourna de notre côté son visage basané, traversé par une fine moustache noire, nous fit signe de la tête en souriant et demanda en mauvais allemand :

Wo ist Preuss? (Où sont les Prussiens ?)

Ma mère lui répondit, en bon français, que depuis longtemps il n'y avait plus de soldats prussiens en ville. En entendant ces mots, il éclata de rire et demanda encore une fois :

— *Madame, où est la municipalité?* (sic).

Comme nous étions fort loin de l'hôtel de ville, ma mère craignit qu'il ne lui demandât de lui servir de guide. Mais cet homme était si aimable qu'elle n'y put tenir et lui donna des explications très détaillées. Pendant qu'elle lui indiquait les ruelles et rues à prendre, nous entendîmes des sonneries de trompettes dans la rue de Leipzig.

Notre chasseur se mit à jurer :

— *Foudre! ils sont déjà là !* (sic).

Et le voilà parti, les éperons dans le ventre de sa bête.

Un instant plus tard nous vîmes passer dans la rue de Leipzig un régiment de hussards rouges, suivi d'un groupe d'officiers revêtus d'uniformes étincelants.

Aussitôt après le dîner, mon frère se glissa hors de la maison et disparut pendant de mortelles heures. Il rentra à la nuit, très émotionné de ce qu'il avait vu.

Une fois dehors, il avait suivi la foule qui sortait par la porte de Halle, et en arrivant sur la colline de Tempelhof il avait aperçu le camp de l'armée française. Celle-ci n'avait pas de tentes ; elle avait construit en un clin d'œil des huttes avec des branchages coupés sur la *Hasenheide*. La population de Berlin et les gamins avaient prêté leur vaillant concours aux soldats français ; en revanche ceux-ci leur avaient permis d'emporter de grosses charges de bois et de ravager les champs de pommes de terre, de navets et de choux.

C'avait été une joie sans bornes pour ces gens-là, aidés de leurs femmes et de leurs enfants, de ramasser tous ces biens qui ne leur appartenaient pas.

Les badauds berlinois étaient venus en masse au camp et s'étaient divertis en regardant les travaux des Français qui préparaient leur frugal repas. Ceux-ci leur annoncèrent leur entrée pour le lendemain et les engagèrent à leur faire bon accueil.

Personne n'avait eu à se plaindre des vainqueurs. Aussi, quand ceci fut connu, la foule se rendit-elle, encore plus nombreuse, au camp, dans la soirée.

Le 25 octobre, de très grand matin, tout Berlin attendait avec impatience l'entrée des troupes françaises. Les curieux se rassemblèrent au rond-point, à côté de la porte de Halle, et beaucoup d'impatients sortirent plusieurs fois.

Plusieurs heures se passèrent ainsi. L'on entendait au loin le tambour. Celui-ci allait en se rapprochant et tout à coup l'on vit reluire des milliers de baïonnettes sur la route de Tempelhof.

Le *magistrat* (1) *in corpore*, portant les clefs de la ville, était réuni.

Des fanfares éclatantes retentirent et tous les yeux se dirigèrent vers la porte. Je me rappellerai toute ma vie le premier Français qui entra.

C'était un long gaillard, très maigre; son visage très pâle était en partie recouvert par une chevelure inculte et noire. Ceci ne manqua pas de nous étonner profondément, nous autres qui étions habitués à voir les soldats avec des queues de longueur uniforme, bien poudrées et raides. Mais, ce qui nous stupéfia le plus, ce fut sa tenue; il portait

---

(1) Délégation du conseil municipal, investie du pouvoir exécutif. (N. du T.)

un petit manteau dont il aurait été difficile de préciser la couleur, un chapeau minuscule, plutôt roussâtre que noir, d'une forme indescriptible et si crânement planté sur l'oreille, que cette tête et ce chapeau constituaient, à eux seuls, un profond sujet d'étonnement pour nous. Son pantalon de toile, noir de saleté, était déchiré en plusieurs endroits; ses chaussures, qui bâillaient démesurément, laissaient passer ses pieds nus. Il tenait en laisse un caniche qui ne perdait de vue aucun de ses gestes. Il faut dire que ce fantassin mordait à belles bouchées dans une énorme tranche de pain, dont il donnait parfois un morceau à son fidèle compagnon.

Un soldat menant un chien ! Songez donc !

Pour compléter le portrait de mon homme, je dirai qu'à l'extrémité de sa baïonnette était enfilé un demi-pain; une oie était accrochée à la poignée de son briquet et au sommet de son chapeau, en guise de cocarde, était fichée une cuiller.

Cet être singulier marchait seul en tête, d'un pas naturel et léger, regardant avec une dignité royale les centaines de badauds pour lesquels il était un sujet d'étonnement. A cinquante pas derrière lui arrivaient d'autres personnages, tout aussi nouveaux pour nous.

Des colosses, dont la taille était encore exagérée par d'immenses bonnets à poil avec des plumets rouges, aux visages hâlés, avec de longues barbes noires leur allant jusqu'à la ceinture et tranchant vivement sur des tabliers de peau d'une blancheur éclatante, portant sur l'épaule des haches étincelantes, entrèrent par la porte.

C'étaient les sapeurs.

En apercevant ces physionomies étranges, dont nous n'avions pas la moindre idée, nous sentîmes un frisson parcourir nos veines.

Derrière eux venait un grand et bel homme, très bien habillé, avec des épaulettes en or et un grand chapeau tout galonné. Il portait une canne à gros pommeau, qu'il lançait en l'air et avec laquelle il jonglait merveilleusement, et était suivi d'une masse de tambours faisant un bruit assourdissant. Ajoutez à cela les musiques. Il y avait de quoi devenir fou.

C'était l'entrée triomphale du corps de Davout, et je dois dire que la tête de colonne nous en imposa beaucoup.

Mais quand les soldats se montrèrent, avec leurs habits en désordre, ne marchant pas au pas, ayant leurs chapeaux placés plus ou moins de travers et ornés, presque tous, de la cuiller, l'impression grandiose produite par les premiers entrants s'effaça petit à petit. Beaucoup d'assistants se demandèrent s'il était possible que ces bouts d'hommes, si maigres, eussent battu nos fiers guerriers.

La tenue des officiers n'était pas uniforme; ils ne portaient ni écharpes ni dragonnes, deux choses qui, selon nous, devaient être leurs accessoires obligés. Ils se distinguaient simplement par un petit hausse-col.

Tout à coup retentit un commandement, répété par de nombreuses voix, et les Français se mirent à courir comme des fous, se déployèrent par pelotons sur un front très large et prirent le pas cadencé.

Cette fois encore ils nous donnaient un spectacle

tout nouveau. Songez donc ! Des soldats, en rang et par files, qui couraient !

Bien des gens dirent à ce propos :

— Ils ont tué notre armée à la course.

Mais ils se reprirent au bout d'un instant et ajoutèrent :

— Bast ! les nôtres arriveront bientôt à pas comptés et chasseront les Français aussi vite que ceux-ci étaient venus.

Un régiment suivait l'autre. Sauf erreur, il en passa douze qui furent, il est vrai, coupés par d'interminables colonnes d'artillerie.

Le succès fut, ce jour-là, pour les sapeurs et les tambours-majors, plus adroits les uns que les autres à manier leurs cannes. On admira aussi les tambours français, dont les caisses étaient deux fois plus grandes que les nôtres, et qui étaient armés du fusil. Les voltigeurs n'avaient que des clairons. Tout ce spectacle, si neuf et si inattendu pour nous, donna lieu à des étonnements sans fin.

On ne saura jamais combien il est entré de troupes à Berlin, ce jour-là, ni comment on s'y est pris pour les loger.

Le lendemain matin les places de la ville, sans exception, étaient garnies de canons, de caissons, de fourgons à bagages et de forges de campagne. Ces dernières, qui se mirent à fonctionner, causèrent une profonde stupéfaction chez les Berlinois.

Ils n'avaient jamais rien vu de pareil.

Dans les rues il y avait une véritable foire ; les troupiers français vendaient à des prix dérisoires le butin qu'ils avaient apporté. Bien des jambons furent vendus 2 gros (1) chacun. Des pièces de drap, valant 10 ou 20 thalers, furent données pour 8 gros. Il est certain que beaucoup de Berlinois jetèrent, ce jour-là, les bases de leur richesse future.

Les changeurs qui eurent le courage de faire leur métier (beaucoup d'entre eux s'étaient pourvus d'une sauvegarde) gagnèrent des sommes folles, en donnant quelques pièces d'or pour des monceaux d'argent. Tous les banquiers se mirent à la recherche de l'or, et allèrent jusqu'à en offrir le double de sa valeur. Pour ma part, je suis persuadé que jamais il n'a été fait et ne se fera plus autant d'affaires à Berlin que le 26 octobre 1806.

Celles qui tirèrent le plus d'avantages de cette situation, ce furent les malheureuses qui trafiquaient de leur corps. Tout particulièrement les maisons privilégiées furent assiégées et prises d'assaut par les officiers; à tel point que *la marchandise* faisait défaut.

Quant aux honoraires, ils étaient fort élevés. Certainement les dames de cette... spécialité, s'il en existe encore, ont dû garder le meilleur souvenir de cette époque-là.

D'ailleurs ceci donna lieu à des scènes variées, dont quelques-unes furent bien comiques.

Ainsi, par exemple, un grand flandrin fut roué de coups par deux Français. L'individu en question faisait métier de procurer une certaine fille aux soldats. Avant d'entrer, il leur demandait le prix convenu. Quand il était payé il disait à son client d'attendre un peu, qu'il allait annoncer son

(1) 25 centimes.

arrivée... puis il disparaissait par la deuxième entrée, cette maison étant bâtie au-dessus d'un passage. Malheureusement pour lui, un beau jour, en sortant de la façon que je viens de dire, il rencontra un autre soldat qui le pria de lui servir de guide. Il accepta, fit des propositions à son compagnon et lui joua le même tour. Mais le premier de ses clients, qui se trouvait être un homme patient, l'avait attendu à l'autre bout. Les deux soldats, voyant qu'ils avaient été joués, l'assommèrent aux trois quarts et lui enlevèrent tout son argent. La correction était méritée.

LE GUIDE DU DUC DE BRUNSWICK
A AUERSTÆDT
(14 octobre 1806)

Les archives allemandes commencent à s'ouvrir. C'est grâce à l'ouverture de leurs portes que le manuscrit de Krippendorf, jusqu'à présent tout-à-fait ignoré, a vu le jour.

Ce paysan qui, pendant la bataille d'Auerstaedt, fut le guide personnel du vieux duc de Brunswick, a écrit ou plutôt barbouillé une relation des événements auxquels il a pris part ce jour-là.

On le verra par la suite, Krippendorf, qui avait servi, pendant la bagatelle de dix-huit ans, aux dragons prussiens dits de Polenz, n'était rien moins qu'un foudre de guerre. Son récit de la bataille même est empreint de la plus grande naïveté, mais les détails qu'il donne sur les circonstances dans lesquelles le duc de Brunswick fut blessé, la façon dont ce dernier fut emporté du champ de bataille et le désarroi qui, vers la fin de la journée, régna dans l'armée prussienne, sont excessivement curieux.

Après sa libération du service, Krippendorf s'était marié, était devenu père de quatre enfants et habitait le village d'Auerstædt, où il remplissait les fonctions de sacristain ou bedeau. Réquisitionné, le 14 octobre au matin, pour guider le duc de Brunswick dans les environs, celui-ci commença par l'interroger longuement sur l'état des routes, le nombre et la nature des ponts, sur les différentes rivières de la région, et les renseignements qu'il possédait sur l'ennemi. Satisfait de ses réponses, Brunswick décida que Krippendorf et le brigadier-forestier d'Eckartsberga resteraient auprès de lui pendant cette journée. Afin de mettre les deux guides à même de le suivre partout, il leur fit donner des chevaux, puis on se mit en route à six heures du matin.

Voici quelques fragments du récit de Krippendorf :

Nous suivîmes d'abord la route de Gernstædt. Le brouillard étais si épais que l'on ne voyait pas à deux pas devant soi ; aussi le brigadier-forestier me dit-il : « Je me demande à quoi nous sommes bons. » A Gernstædt, nous nous arrêtâmes une minute pour laisser défiler notre avant-garde. Le forestier reçut l'ordre de marcher avec elle. A peine la tête nous avait-elle dépassés d'environ deux cents pas qu'elle se heurta contre les Français. Le forestier revint aussitôt à bride abattue sur nous ; ce que voyant, je fis faire demi-tour à mon cheval et me préparai à suivre l'exemple de mon collègue. Mais le capitaine de Witzleben, qui s'était constitué mon gardien, me dit : « Pas de cela, mon cher Krippendorf ; tu ne nous quitteras pas, car nous avons plus que jamais besoin de toi. Où irions-nous donc sans guide ? »

A ce moment, l'armée prussienne qui s'était déployée refoulait les Français. L'aile droite s'avançait par le *Merretig* (une prairie située entre Taugwitz, Rehhausen et Gernstædt) dans la direction des étangs et cherchait à gagner les hauteurs du côté de Rehhausen. L'aile gauche, qui suivait la grand' route, marchait sur Poppel et coupait la retraite aux flanqueurs français qui avaient traversé le ruisseau. Les tirailleurs prussiens rejetèrent ces derniers sur le ruisseau et les prés marécageux qui le bordent ; ils en tuèrent un bon nombre et prirent les autres.

A partir de là, la canonnade devint très intense. Les premiers boulets français abattirent quelques poiriers situés dans ce que nous appelons le *Tagerain*. Fort probablement trompés par le brouillard, les artilleurs ennemis avaient pris ces arbres pour des Prussiens. Comme la brume était toujours aussi épaisse, nous errâmes longtemps en tous sens sur les hauteurs entre le Merretig et les prairies de Taugwitz et de Poppel. Nous étions très exposés en cet endroit, les boulets passaient à droite et à gauche de nous en grondant à la façon des vieux ours que l'on oblige à danser. L'intensité du brouillard ne diminuant toujours pas, j'étais obligé de faire grandement attention, afin de ne pas m'égarer. Tout à coup le duc me cria :

— Guide, conduis-moi sur la route !

— Il faut, pour cela, tourner à gauche, répondis-je.

Quelques officiers, entre autres le capitaine de Witzleben, prétendirent que je me trompais et qu'en allant à gauche nous tomberions sur les Français ; mais je ne voulus rien entendre, si bien qu'à la fin le duc de Brunswick me dit :

— Fais à ta guise et conduis-nous !

Effectivement, nous rejoignîmes la route. Aussitôt que nous y fûmes, le duc me tapa sur l'épaule et me dit :

— C'était toi qui avais raison.

Nous traversâmes alors le défilé de Poppel. Les cadavres de sept ou huit Français étaient étendus sur le pont. C'était là que se trouvait l'aile droite ennemie ; la gauche était sur la hauteur, du côté de Rehhausen.

Sur ces entrefaites, la droite prussienne s'était portée en avant et avait pris en flanc, et même à revers, la gauche des Français. Ceux-ci battirent en retraite et les Prussiens les poursuivirent. Près de Poppel, le duc quitta la route et prit à gauche, se dirigeant vers la hauteur située entre Taugwitz et Benndorf. En cet endroit, un bien triste spectacle vint frapper mes regards : une masse de cadavres prussiens et français étaient couchés là. Des chevaux abandonnés, des cavaliers démontés couraient de tous côtés. Partout on voyait des blessés qui, l'un après l'autre, tombaient en arrière, poussaient un soupir et mouraient. Nous étions arrivés au sommet de la colline. Le brouillard avait presque entièrement disparu, de sorte que nous pouvions maintenant embrasser le champ de bataille. Jusqu'à ce moment-là, mon courage s'était soutenu. Tout à coup le duc se porta sur la hauteur entre Hassenhausen et Zæckwar, je parle de celle où il y a un grand poirier. C'était l'endroit où le feu était le plus violent. Arrivé près d'une batterie à cheval établie sur ce point, il s'arrêta un instant et observa. Un canonnier après l'autre faisait la cabriole, emporté par un boulet français.

Pendant ce temps, l'aile gauche ennemie avait été complètement battue et enfoncée. De toutes parts on annonçait de joyeuses nouvelles, telles que celle-ci : « Notre aile droite a jeté 30.000 Français dans la Saale et leur a pris 40 canons ». Un instant plus tard, il y eut un redoublement d'allégresse et nous entendîmes crier : « Vivat ! Vive le roi ! » L'aile droite ennemie s'était établie solidement entre Hassenhausen et Spielberg. Un régiment de cavalerie prussienne reçut alors l'ordre de se jeter sur elle et de l'enfoncer. Mais il vint donner sur une batterie qui lui infligea quelques pertes. Aussitôt il fit demi-tour. L'aile gauche ennemie, qui s'était retirée en arrière de Hassenhausen, s'était ressoudée à la droite et avait formé un carré ouvert. Dès que notre régiment de cavalerie s'était retiré, l'aile droite française avait repris son mouvement offensif et tenté de gagner le flanc des Prussiens. Comme elle y avait réussi, la gauche prussienne avait dû céder un peu de terrain et, par suite de ceci, notre front de bataille avait été modifié. Le duc de Brunswick, nullement impressionné par le feu, se trouvait à chaque instant en avant de la ligne. Son cheval fut tué par un boulet ; en même temps je fus atteint par une balle morte qui ne me fit aucun mal, mais qui m'enleva tout courage. »

Il est inutile de reproduire les lamentations auxquelles notre homme se livre et de décrire les angoisses auxquelles il est en proie. Le duc de Brunswick, à un moment donné, se demanda où était passé le roi qui, depuis le début de l'action, était resté avec l'aile droite prussienne. Il regardait en tous sens, inquiet de ne pas le voir et de ne pas recevoir de ses nouvelles.

« Tout à coup je vis le chapeau du duc se retourner sur sa tête. « S'il n'y a que la coiffure de touchée, me dis-je, il n'y a pas grand mal. » Mais quand il fit face de notre côté, je m'aperçus qu'il avait la figure inondée de sang. Aussitôt on cria de toutes parts : « Le duc est blessé ! » Ceci avait lieu sur le coup de midi. On se mit en devoir de le ramener en arrière ; un officier et son piqueur, marchant à ses côtés, le maintinrent en selle. En arrivant près d'Auerstædt, nous rencontrâmes sa voiture et nous l'y installâmes. Une fois à l'auberge d'Auerstædt, le duc demanda une chambre. Comme il n'y en avait plus une seule disponible, il resta dans sa voiture où on lui fit un premier pansement plus que sommaire. La balle qui l'avait frappé avait pénétré par l'oreille gauche et était ressortie par l'œil et le nez. »

De retour dans son village, Krippendorf, qui se croit désormais libre, s'empresse de rejoindre sa famille et de reprendre ses travaux interrompus, non toutefois sans avoir préalablement installé dans son écurie un beau cheval blanc qu'il a capturé pendant la bataille et qui a dû appartenir à un officier français. Mais il ne tarde pas à être requis par ses concitoyens, en vue de donner ses soins aux blessés qui encombrent les rues d'Auerstædt. Pendant qu'il accomplit son œuvre de Samaritain, un sous-officier de cuirassiers vient le chercher, car on a besoin de lui pour emmener le duc, celui-ci craignant de tomber entre les mains des Français. Comme cette perspective ne lui sourit guère, et qu'il fait mine de résister, le cuirassier emploie le moyen de persuasion classique, c'est-à-dire le roue de coups de cravache. On se met donc en route à destination de Weimar.

...A peine avions-nous dépassé le lieu dit Kahlsberg que nous fûmes informés de l'entrée des Français à Weimar. Aussitôt nous fîmes halte et j'allai demander de nouveaux ordres au duc, lequel me prescrivit de le mener à Eisleben par le chemin le plus court. Nous voilà donc partis dans la direction de Reisdorf. Je me proposais de passer près d'Eckartsberga et par Mallendorf, mais à peine étions-nous arrivés dans le *graue Feld* que je vis une masse de fuyards se retirer sur le deuxième de ces villages. En conséquence, j'en référai au duc et lui proposai de modifier à nouveau notre itinéraire.

— Où veux-tu que nous allions?

— Nous sommes forcés de passer par Buttstædt et Cœlleda. Quand nous serons arrivés sur ce dernier point, nous verrons si nous pourrons continuer par Artern et Sangerhausen.

— Soit. Allons à Sangerhausen, me répondit le duc.

Nous revînmes donc sur nos pas jusqu'à Reisdorf. Quand nous eûmes atteint Buttstædt, le duc nous fit arrêter à l'*Hôtel de Weimar* et demanda à être pansé. Des paysans nous aidèrent à le descendre de la voiture, mais au même instant des gens de Teutleben et de Herrengossersteædt accoururent en criant : « Voici les Français! » Aussitôt nous replaçâmes le blessé dans la voiture et nous partîmes en toute hâte. A Guthmannshausen, nous tombâmes au beau milieu d'une bande de fuyards venant d'Iéna. Le duc, m'ayant appelé, me demanda :

— Mon Dieu ! ne sommes-nous donc pas encore en sûreté ?

— Je crois que nous sommes victimes de faux bruits. De quelque côté que je regarde, je ne vois que des Prussiens et des Saxons, mais pas un seul Français.

— Alors, si c'est possible, dis que l'on fasse marcher la voiture plus lentement ! répondit le duc. Les cahots me font mal.

A force de se retourner de tous côtés pour voir si les ennemis ne sont pas aux trousses de l'escorte ducale, Krippendorf s'aperçoit que le village d'Auerstædt est en flammes. Cette fois, son courage est à bout ; il essaye encore de fuir, mais sans plus de succès qu'avant. Pour le consoler de la mort probable de sa femme et de ses enfants, on lui dit qu'il doit s'estimer heureux de ne pas être avec les siens, parce qu'il aurait subi le même sort qu'eux. Malgré la lenteur avec laquelle marche la voiture, on arrive à Cœlledo et l'on s'arrête chez un fermier du nom de Koch. La blessure du duc est examinée consciencieusement et pansée, et celui-ci fait observer que son œil droit est resté intact ; en même temps, il déclare ne pas être capable de continuer la route en voiture et demande à être porté à bras d'hommes.

... Immédiatement les personnes de l'entourage du prince achetèrent au fermier Koch un canapé qui fut placé sur une voiture couverte d'une épaisse couche de paille. Après quelques heures de repos accordées au blessé, nous repartîmes par Schillingsdorf, Reinsdorf et Artern. En arrivant à Reinsdorf, le duc nous dit qu'il ne pouvait aller ainsi plus loin. Le chemin était cailouteux et plein d'ornières, et le moindre cahot faisait endurer de telles souffrances au blessé que nous étions obligés de nous arrêter tous les vingt ou trente pas. Il n'y avait plus d'autre ressource pour nous que de nous conformer au désir du duc, c'est-à-dire de le porter. Je me mis donc aussitôt en quête de deux petits arbres ou de deux perches et de seize porteurs.

Ceci avait lieu le 15 octobre, à six heures du matin.

Je rapportai les deux arbres nécessaires. J'avais aussi trouvé seize hommes. Les deux arbres furent attachés au canapé à l'aide de grosses cordes et ce brancard improvisé fut porté par huit hommes, les huit autres les remplaçant de temps à autre. Après cela, je me rendis en toute hâte à Artern pour commander seize nouveaux hommes; les autres furent congédiés et reçurent une récompense d'un louis d'or. D'Artern nous continuâmes notre marche par Etersleben, Reblingen, dans la direction de Sangerhausen. Dans chacune de ces localités je me procurais des porteurs; les anciens étaient renvoyés et recevaient, eux aussi, un louis d'or. En arrivant à Sangerhausen, le duc fut transporté chez le bourgmestre, qui lui avait préparé un logement. Il était alors deux heures de l'après-midi.

En fin de compte, le malheureux Krippendorf parvient à obtenir son congé du colonel de Kleist, premier aide de camp de Brunswick. Muni d'une attestation flatteuse pour les services qu'il a rendus et gratifié de deux doubles louis d'or, il repart le 15 octobre, à quatre heures de l'après-midi, pour Auerstædt.

Quant au duc de Brunswick, toujours hanté par la crainte de tomber aux mains des Français, il ne séjourna qu'un temps fort court à Sangerhausen et se fit transporter à Ottensen (près d'Altona), où il mourut, le 10 novembre, après avoir enduré les plus grandes souffrances.

LETTRES INÉDITES DE LA REINE
LOUISE DE PRUSSE

On a retrouvé un paquet de lettres inédites de la reine Louise de Prusse, dont un certain nombre, se rapportant à la période comprise entre 1807 et 1810, font ressortir les crises d'accablement et d'exaltation auxquelles la malheureuse femme a été alternativement sujette à cette époque.

Ce qui domine dans cette correspondance adressée au prince Georges de Mecklembourg-Strelitz — un frère qu'elle aimait tendrement — c'est sa foi inébranlable dans la sainteté de la mission qu'elle a remplie et dans la légitimité des efforts qu'elle a faits pour amener la guerre entre la Prusse et la France. Mais ce n'est pas tout. Les divers bruits qui circulent sur son compte la préoccupent ; aussi éprouve-t-elle le besoin d'affirmer que ses démarches ont été mal interprétées et qu'elle a conservé, malgré tout, le droit de marcher la tête haute.

Moins d'un mois après la conclusion de la paix, elle écrit ce qui suit à son frère :

« Memel, 5 août 1807.

« Riche en expérience et en désillusions, j'éprouve le besoin de m'épancher dans ton sein. Ah! Georges, quelle destinée, quel avenir, quel passé! Se peut-il que Dieu ait créé à son image des hommes tels que ceux dont j'ai fait la connaissance? Les bons font le mal, les démons le couvent et l'apprennent aux premiers ; voilà ce que j'ai vu de mes propres yeux. Toute pénétrée de la sainteté de mes devoirs, je suis accourue à Tilsitt et j'ai dit ce que Dieu m'inspirait. Mais ce n'était pas à un homme que je m'adressais, non, c'était à un..., un être sans cœur, et le résultat de tout ceci a été si parfaitement inhumain qu'à cette heure la Prusse est justifiée aux yeux du monde.

« Quand je te reverrai, je te raconterai tout de vive voix et tu auras de la peine à me comprendre. Oui, j'ai vu des choses incroyables, mon cher Georges, mais rassure-toi, cher ami, je ne suis pas devenue plus mauvaise. Que ceci te console !... »

Quatre jours plus tard, elle écrit encore à son frère :

« ...L'entrevue de trois souverains! Peut-on admettre qu'elle n'ait pas de conséquences grandes et généreuses, qu'elle ne se termine pas d'une façon remarquable? Au lieu de cela, en arrivant à Tilsitt, je me suis trouvée en face d'une idole entourée d'adorateurs, idole faite d'un métal inconnu et qui foulait aux pieds les deux autres souverains! Il s'est passé là des choses qui dépassent toute imagination, que les témoins oculaires seuls peuvent croire et qui trahissent à la fois un raffinement de perversité, de froideur et d'infamie chez l'un des partis et une faiblesse extrême chez l'autre. J'ajouterai, pour m'excuser, qu'il est plus facile de donner la réplique en son nom seul qu'au nom de deux personnes. S'il ne s'était agi que de moi, je me serais tirée d'affaire; mais il y avait encore le roi. Non, ma plume se refuse à décrire tout ce que cet homme a souffert. Pendant quinze jours il a subi la question et dû se laisser dire les choses les plus dures, lui qui agissait uniquement par amour pour son pays et dans le seul but d'arracher au moins nos plus anciennes provinces des griffes du diable. A chaque assaut que nous tentions contre le cœur de celui qui n'en a pas, succédaient régulièrement, le lendemain, de nouvelles et plus sanglantes infamies... »

Le prince Guillaume, frère du roi de Prusse, avait été envoyé à Paris dans le but de négocier et d'obtenir différentes concessions. Le 5 novembre 1807, la reine Louise écrit (en français) :

« ...Si le prince Guillaume ne réussit pas dans ses négociations, si l'empereur ne change pas de résolution à notre égard, s'il n'entend pas la voix de l'humanité et de la justice, alors tout est dit, la Prusse n'existera plus, et je ne sais pas quel nom le roi de Prusse voudra et pourra prendre pour exprimer ce qu'il est ou plutôt ce qu'il n'est plus... Le pays est dans un état dont on ne peut se faire une idée, exténué, ruiné, le roi ruiné, la noblesse ruinée... A dîner nous avons quatre plats, le soir trois plats, voilà tout... »

On prétend qu'en 1809 le maréchal Davout, préoccupé des armements secrets de la Prusse et craignant de la voir intervenir contre nous dans la guerre que préparait l'Autriche, avait proposé à l'empereur de faire enlever et transporter en France la famille royale, de ravager tout le pays occupé et de brûler Berlin. On ajoute que Napoléon, séduit par les avantages de cette proposition, aurait d'abord été sur le point d'y adhérer. On sait que la chose n'eut pas lieu. Ce qui est bien certain, c'est que ces bruits étaient parvenus aux oreilles du roi et de la reine de Prusse. On connaît le passage d'une lettre dans laquelle la reine Louise disait à l'impératrice Elisabeth de Russie :

« Si nous retournons à Berlin, je devrai me séparer de mes fils, qu'on établira ici (à Kœnigsberg), sous prétexte d'étudier à l'université, pour que, si on enlève les parents, les enfants restent pour nous venger, si vengeance il y a. »

Le 27 février 1809, elle écrit de Kœnigsberg à son père :

« ...Nous ne savons rien encore. Partirons-nous (pour Berlin), ne partirons-nous pas ? Nous attendons des courriers de Pétersbourg, de Paris et de Vienne. Mon Dieu ! que deviendrons-nous si ce monstre demeure en vie ? Depuis que les moines espagnols ont été impuissants contre lui, j'ai perdu tout espoir et ne crois plus que l'on puisse le détruire. »

Le 28 février, nouvelle lettre :

« ... Il y a vingt-quatre heures à peine que je t'ai écrit, et cependant en ce laps de temps si court il est arrivé des nouvelles qui sont vraiment affreuses... Selon toute apparence, la guerre éclatera très prochainement. C'est l'Autriche qui la déclarera. Hier, un ami fidèle nous a appris ce qui suit. Napoléon croit le roi de Prusse à Berlin, il part pour l'Allemagne et a le dessein d'aller à Berlin. Si le roi n'accepte pas et ne suit pas tout ce que lui dictera le despotisme de l'empereur Napoléon, alors il a pris toutes les mesures pour le faire arrêter et transporter à Paris. Le prince de Bénévent a dit haut dans les sociétés : « Le roi de Prusse aura le même sort que Ferdinand et Charles d'Espagne, seulement le chemin sera plus court » (sic). Comment trouves-tu cela ?... Ce qui est bien certain, c'est que Berlin sera occupé dès que la guerre éclatera... »

C'est le 9 avril que le gouvernement autrichien fit remettre, à Munich, la déclaration de guerre. Le premier de ce même mois, la reine Louise, toujours à Kœnigsberg, écrivait à son frère :

« ... Je suis hors d'état de te répondre, car en politique les avis sont très partagés. Nous sommes dans la même situation qu'en 1805. (En d'autres termes, la Prusse ne savait pas si elle devait s'allier avec l'Autriche.) J'ai une opinion très arrêtée, mais je n'en souffle mot parce que mon intervention (1806) a eu des conséquences si épouvantables. Je sais très bien que je ne suis pas cause de ce qui est arrivé, mais tout le monde me le reproche. Je déplore bien souvent les suites, mais non les principes de ma conduite ni ma conduite elle-même. Je ne regretterai jamais d'avoir fait ce que l'honneur et la dignité nous commandaient; seulement je pleure les actes qui n'ont pas été inspirés par ces deux sentiments et qui auront certainement des conséquences, encore bien plus affreuses, en particulier le renversement impitoyable de toute une dynastie. Je ne vois aucun avenir pour mes enfants... »

La famille royale de Prusse rentra, le 23 décembre 1809, à Berlin. Les jours de la reine étaient comptés ; elle mourut le 19 juillet 1810, alors que le « monstre » était à l'apogée de sa puissance.

M. DE MULLER ET NAPOLÉON

NOTES D'UN DIPLOMATE ET FONCTIONNAIRE DU GRAND-DUCHÉ DE WEIMAR (1806-1813)

Le 17 octobre 1806, trois jours après les batailles d'Iéna et d'Auerstaedt, à une heure assez avancée de la soirée, M. Müller, conseiller d'Etat, se trouvait à Weimar dans le bureau de l'adjudant-commandant Denlzel et s'efforçait de répondre aux nombreux militaires français qui s'y présentaient en quête d'un gîte.

Pendant qu'il se livrait à l'occupation assez monotone qui consiste à signer des imprimés disant que *M. X... logera... militaires et ... chevaux pendant ... jours*, un petit homme, vêtu de bleu, aux allures timides, lui demanda d'une voix douce :

— Je désirerais un billet de logement au nom de M. de Gœthe pour M. Denon.

— Comment ! Serait-ce pour le célèbre Denon ? Est-il donc ici ? riposta M. Müller.

— C'est moi-même, répondit modestement le petit homme.

Ce compliment adroitement décoché valut aussitôt au jeune fonctionnaire les bonnes grâces du célèbre directeur général des musées impériaux. Celui-ci devait, dès le lendemain, rejoindre le général Clarke, à Erfurt, et s'entendre avec lui au sujet d'une médaille destinée à commémorer la prise de cette ville.

Comme les rues de Weimar étaient encombrées d'équipages, de chevaux et de matériel, M. Müller, la complaisance faite homme, conduisit M. Denon jusqu'au logis de Gœthe. Chemin faisant, il se remémora que l'empereur, parti le matin même, fort mécontent de n'avoir pas vu le duc de Weimar, avait exprimé le désir que ce prince abandonnât au plus vite le service prussien. Il se dit que M. Denon et le général Clarke lui seraient peut-être utiles en la circonstance, et, comme, à défaut d'âge, il avait du coup d'œil et de la décision, il prit séance tenante le parti d'accompagner le premier dans son voyage.

Le 18, dans l'après-midi, à l'heure même où les troupes françaises de la garnison rendaient les honneurs funèbres au lieutenant-général prussien de Schmettau, blessé mortellement à Auerstaedt, il monta en voiture avec M. Denon. Fort bien accueilli par le général Clarke, il s'empressa de lui demander conseil au sujet des moyens à employer pour faire connaître au duc de Weimar les événements survenus et le désir exprimé par Napoléon.

Clarke lui ayant donné les indications voulues, il retourna tout d'abord à Weimar, prit les ordres de la duchesse, une femme de tête, et se mit à la poursuite de l'empereur, qu'il manqua successivement à Halle, à Dessau, à Leipsig, à Wittemberg,

Finalement il rejoignit un beau soir le grand quartier général à Kroppstedt. Mais il n'y gagna rien, car le lendemain au réveil, on lui apprit que Napoléon était reparti au milieu de la nuit.

Un autre se fût dépité, mais le conseiller Müller ne perdit point courage. Nouvel Ahasvérus, il reprit sa course et atteignit enfin à Potsdam l'insaisissable empereur.

Accueilli très honnêtement par le général Mouton (le futur maréchal Lobau), il fit ses dispositions en vue de plaider avec la chaleur voulue la cause de son malheureux prince, mais en ce moment solennel ses forces le trahirent et il eut une syncope. Roustan, qui se trouvait à proximité, lui prodigua aussitôt les soins les plus empressés, lui fit sentir de l'eau de Cologne et avaler de la fleur d'oranger, toutes deux empruntées au nécessaire impérial. M. Müller, qui savait apprécier la valeur de ces choses, fut aussitôt sur pied et se laissa conduire auprès de Napoléon qui, suivant son habitude, l'accabla d'une foule de questions.

— Vous venez de Weimar. Comment se porte la duchesse ? L'ordre est-il rétabli dans votre capitale ? Le commandant de place que j'y ai laissé fait-il son devoir ? Avez-vous des nouvelles de votre duc ? Rentrera-t-il bientôt dans ses Etats ?

Tout autre, à la place du jeune conseiller, eût été ahuri par cette avalanche de demandes. Il prit son temps pour répondre et s'efforça de satisfaire la curiosité de son impérieux interlocuteur. Celui-ci mit fin à l'audience par ces mots :

— Votre duchesse a fait preuve d'un courage qui lui a valu toute mon estime. Nos succès foudroyants et la soudaineté de notre entrée à Weimar l'ont plongée dans le plus grand embarras, je le comprends. La guerre est une chose affreuse, barbare, digne des Vandales ; mais qu'y puis-je ? On m'a obligé à la faire contre ma volonté.

A partir de là M. Müller, qui avait reçu l'ordre de ne pas s'éloigner avant que l'on eût des nouvelles certaines de son maître, demeura auprès du grand quartier général et y fut l'hôte du duc de Bassano. Le 29 octobre, on apprit à l'état-major que le duc, cerné par le maréchal Soult, ne tarderait point à être pris.

Notre homme demanda sur le champ une audience à l'Empereur, mais celui-ci lui fit répondre :

— Attendez que votre maître soit prisonnier. Nous verrons ensuite.

La réponse n'était pas consolante.

M. de Talleyrand arrivé sur ces entrefaites à Berlin, et auquel Müller n'avait pas manqué de se faire présenter à la première occasion, lui confirma que l'empereur était très irrité contre le duc de Weimar, à cause de l'attitude qu'il avait observée au début de la guerre, et du contingent qu'il avait fourni à la Prusse.

Il ajouta même que, sans la mâle énergie de la duchesse, Weimar eût déjà été rayé de la liste des États allemands.

Le même jour, M. de Spiegel, chambellan de la princesse, vint apporter une lettre adressée par le duc à sa femme, lettre dont la teneur prouvait que ce dernier n'avait reçu ni la dépêche de Müller ni celle par laquelle le roi de Prusse le déliait de tous ses engagements envers lui. Fort de ceci, le jeune conseiller demanda séance tenante à être admis auprès de l'empereur. Celui-ci l'accueillit avec un air sévère, parcourut à la hâte les papiers qui lui étaient soumis, et soudain éclata :

« — Monsieur le conseiller, je ne suis pas un enfant. Je ne me fie pas aux paroles, je m'en tiens aux faits. Votre duc sait-il que j'aurais le droit de le déposer? Je n'en ai rien fait jusqu'à présent, parce que je suis animé de la plus grande bienveillance à l'égard de la duchesse qui m'a très bien accueilli dans son château. Vous, monsieur le conseiller, vous tâchez d'excuser votre prince. C'est votre devoir, et vous avez raison de l'accomplir. Mais, moi aussi j'ai un devoir, c'est de détrôner sans autre forme les princes qui me résistent. Quand on ne peut mettre sur pied que quelques centaines d'hommes, on se tient tranquille. Voyez le duc de Brunswick, mon ennemi le plus acharné. Il n'a pas fourni un seul homme à la Prusse. Et le duc de Gotha, et combien d'autres! Votre maître a été entraîné par son ambition; on lui a promis un commandement, et c'est ainsi qu'on l'a pris au filet. Vous savez comment j'ai agi envers le duc de Brunswick. Eh bien! j'ai bien envie de traiter votre duc de la même façon. Je veux rejeter tous ces Guelfes dans les marais italiens d'où ils proviennent. De même que ce chapeau (en même temps il jetait sa coiffure par terre d'un geste furieux), je les écraserai et les anéantirai si bien que l'Allemagne perdra jusqu'au souvenir de leur nom. Et j'ai grande envie de commencer par votre duc. Eh! pardieu, quand on n'a pas au moins cent mille hommes et un nombre respectable de canons, on ne s'avise pas de me faire la guerre. Voyez les Prussiens, ils avaient les uns et les autres, à quoi cela leur a-t-il servi? Je les ai dispersés comme la balle au vent; je les ai écrasés et ils ne s'en relèveront plus. Que me veut-on, en somme? Fais-je donc la guerre pour mon plaisir? Ne sont-ce pas leurs provocations insultantes qui m'ont obligé à prendre les armes? Si votre duc avait été raisonnable, il se serait tenu tranquille et aurait adhéré à la Confédération du Rhin, dans le sein de laquelle je l'aurais admis en lui accordant une foule d'avantages. Il se trouverait aujourd'hui dans une tout autre situation. »

L'empereur s'était tu. M. Müller essaya de justifier son maître et invoqua en sa faveur les liens du sang, les traditions de famille; il réussit à dissiper, en partie du moins, les préventions du vainqueur et obtint que le duc de Weimar fût informé des ordres de l'empereur et autorisé à se présenter devant lui.

Mais une véritable malchance poursuivait le prince. Rejoint au bout de quinze jours seulement à Hambourg, il s'arrangea si maladroitement qu'en arrivant à Berlin il ne trouva plus personne. Découragé par cet insuccès, il partit pour Weimar, tandis que le brave Müller, inventant mille prétextes, s'efforçait d'atténuer le mauvais effet produit. Un beau jour, vers la fin de novembre, M. de Talleyrand, qui avait de l'estime pour ce jeune fonctionnaire si dévoué, si actif, lui conseilla de ne pas se décourager et de se rendre à Posen, où tous les services français allaient être transférés. MM. de Dalberg (le futur prince-primat) et de Gagern insistèrent auprès de lui dans le même sens; mieux que cela, ils lui donnèrent à entendre clairement que, pour réussir dans sa mission auprès de l'empereur, il devait nécessairement se munir d'un titre plus élevé que celui de conseiller et ajouter à son nom la particule.

Un autre que lui aurait été singulièrement embarrassé par une proposition de ce genre. Loin de se troubler il rendit compte de la chose au duc, et celui-ci, par retour du courrier, fit droit à sa demande, si bien que parti Müller, simple conseiller, il se réveilla un beau jour avec la particule et le titre de conseiller intime.

M. de Müller avait alors vingt-sept ans.

Suivant à la lettre les conseils bienveillants qui lui avaient été donnés, il se mit en route à destination de Posen où il arriva le 4 décembre 1806. Après une audience nouvelle, au cours de laquelle l'empereur se borna à lui demander ce que devenait le duc et comment se portait la duchesse, il réussit enfin, le 16 décembre, à faire ratifier l'acte d'admission de la Saxe-Weimar dans la Confédération du Rhin. Son activité diplomatique devait se borner là, pour quelque temps du moins. Il eut bien à régler de ci et de là quelques affaires de minime importance, mais son œuvre maîtresse était accomplie. Ce temps d'arrêt lui permit d'aller goûter un peu de repos à Weimar.

« En août 1807, alors qu'il s'agissait de liquider l'arriéré du traité de Tilsitt, M. le conseiller intime de Müller se rendit à Paris. Il y débarqua le jour même où le *Moniteur* annonçait la retraite de Talleyrand et le remplacement de ce dernier par M. de Champagny. Toujours actif et débrouillard, il s'efforça de procurer des avantages à sa principauté, et il y aurait certainement réussi n'avait été le duc de Weimar, qui ne laissait échapper aucune occasion de commettre une maladresse ou d'afficher son mauvais vouloir à l'endroit de l'empereur. Celui-ci étant parti pour l'Italie vers la fin de novembre, M. de Müller, dont la jeune femme était alors gravement malade, la rejoignit à Weimar où il passa le printemps et l'été de 1808. »

Le moment du fameux congrès d'Erfurt approchait.

La distance qui sépare Weimar de cette ville est insignifiante, aussi trouvons-nous à chaque instant Müller dans les coulisses. Il est présent lorsque le tambour du poste, ayant battu aux champs pour le roi de Wurtemberg, est rabroué sévèrement par l'officier de garde qui lui crie : « Taisez-vous donc, ce n'est qu'un roi ! » Présent aussi à l'entrevue de l'empereur et de Gœthe, dont lui-même deviendra un jour l'ami et le panégyriste. Présent de même à l'audience accordée par Napoléon à Wieland et à la discussion qu'eurent ces deux grands hommes au sujet de Tacite, des empereurs romains, de la religion chrétienne et de l'existence de Jésus-Christ.

C'est lui, Müller, qui, des mains du duc de Bassano, reçoit les croix de la Légion d'honneur et les lettres flatteuses qui les accompagnent, et qui est chargé de remettre les unes et les autres à Wieland et à Gœthe de la part de l'empereur. Il est aussi un des premiers à avoir connaissance du complot tramé par quelques anciens officiers prussiens. Ces exaltés, réunis à Weimar, avaient formé le projet d'assassiner l'empereur Napoléon, à sa sortie du théâtre, le soir où l'on jouerait la *Mort de César*. Au dernier moment, le cœur avait manqué aux conjurés et ils avaient déguerpi en toute hâte.

M. de Müller devient tout mélancolique en songeant aux malheurs qui, après cet assassinat, se seraient abattus sur son pays.

En 1809, après l'attentat manqué de l'étudiant Staps, nouvelle émotion. Ce dernier, en effet, ne s'avise-t-il pas de déclarer qu'il est originaire de Naumburg et que ses parents habitent encore cette ville. Grâce aux bons offices du général Rapp, Müller réussit à persuader l'empereur que la cour de Weimar a été absolument étrangère à l'acte criminel dont ce dernier voudrait lui imputer la responsabilité morale.

A ce moment s'ouvre pour M. de Müller une période de calme qui va durer jusqu'au mois d'avril 1813.

A partir du 2 de ce mois, le duché de Weimar fut alternativement occupé par les Français, les Prussiens et les Cosaques.

Tour à tour, il fallut négocier avec Durutte, Blücher, Ney, Souham, et surtout essayer de disculper un chambellan ducal, M. de Spiegel, qui avait été arrêté pour avoir écrit des lettres compromettantes, lettres dont les cavaliers français s'étaient emparés. Müller alla d'abord implorer Ney, mais celui-ci lui répondit que le dossier incriminé se trouvait déjà entre les mains de Napoléon.

— Au surplus, ajouta-t-il, je ne suis qu'un atome devant le grand homme. Je ne suis qu'un fusil chargé; l'empereur commande et le coup part.

Découragé par cette réponse, il réfléchit longuement, puis se décide à affronter la colère de Napoléon, dès l'arrivée de celui-ci à Erfurt. L'audience débute par cette question brutalement posée :

« — Où est votre contingent ? (Peu de jours

auparavant, le bataillon de Weimar, assailli par un peloton de hussards prussiens, avait capitulé.) Un pareil scandale ne peut être qu'une affaire concertée d'avance. Je n'en suis pas dupe. Je sais que votre duc a toujours été mon ennemi déclaré. N'a-t-il point pris à sa solde nombre d'anciens officiers prussiens? N'a-t-il pas correspondu sans relâche avec l'impératrice d'Autriche, ma belle-mère, dont la constante occupation est de me dresser des embûches? Mais on ne m'abuse pas facilement. J'ai lu toutes ses lettres. L'art de les déchiffrer et de les refermer a fait des progrès étonnants. Votre prince est le plus remuant de toute l'Europe. Et votre *Tugendbund* et les discours incendiaires de vos professeurs d'Iéna, cette semence révolutionnaire qu'ils répandent parmi votre jeunesse! Ne sont-ce pas des étudiants d'Iéna, déguisés en Cosaques, qui ont assailli les avant-postes du général Durutte? »

Müller s'obstinant à garder un silence prudent, l'empereur continua :

« — Je suis décidé à faire un exemple terrible. Dès ce soir, le 5ᵉ corps entrera dans Iéna et exécutera les ordres que vous voyez là-bas sur cette table, et que je vais signer. Ces ordres sont destinés au général Bertrand et lui enjoignent de mettre le feu aux quatre coins de la ville. »

Cette fois, Müller intervint, plaida chaleureusement la cause de la ville et démontra que les étudiants n'avaient pris aucune part aux faits en question. L'empereur ne demandait qu'à être convaincu. Après avoir résisté pour la forme et avoir dit : « Eh bien! on ne brûlera donc que les maisons des professeurs », il s'apaisa tout à coup et déchira l'ordre destiné au général Bertrand.

« — Mais qu'on fasse une bonne et sévère leçon à ces messieurs d'Iéna, afin qu'ils se mettent bien dans l'esprit que, d'un clin d'œil, je puis détruire pour jamais toute l'Université. Et, en effet, que veulent donc tous ces idéologues, tous ces radoteurs ? Ils veulent la révolution en Allemagne ; ils veulent s'affranchir de tous les liens qui les attachent à la France. Savez-vous, vous autres Allemands, ce que c'est qu'une révolution ? Vous ne le savez pas, mais moi, je le sais. J'ai vu des torrents de sang inonder la France ; j'y ai surnagé, et je ne veux pas souffrir que ces terribles scènes se renouvellent en Allemagne. Mais certainement, monsieur, vous aurez la révolution, si je n'y mets pas bon ordre. La Prusse a joué de perfidie avec moi ; il lui en coûtera cher. J'ai été beaucoup trop généreux envers elle, j'ai remis le roi sur son trône, et voilà qu'il me paye d'ingratitude. »

Après cela il y eut un silence dont Müller profita pour amener la conversation sur M. de Spiegel et demander la grâce de cet imprudent personnage. L'empereur l'écouta patiemment et, quand il eut fini, répliqua d'un ton sec :

— La chose est fort simple. Il s'est avisé de correspondre au-delà des avant-postes en présence de l'ennemi, donc il doit être fusillé.

M. Müller fit alors observer que M. de Spiegel, au moment des fêtes d'Erfurt, avait eu l'honneur de remplir auprès de Sa Majesté les fonctions de chambellan.

— Eh ! monsieur, riposta Napoléon, je ne vois pas du tout pourquoi un chambellan ne pourrait pas être pendu.

Si peu encourageante que fût cette réponse, l'autre insista si vivement que l'empereur, outré de colère, porta la main à la poignée de son épée. M. de Saint-Aignan — beau-frère de Caulaincourt et ministre de France à Weimar — tirant M. de Müller par le pan de son habit, lui fit comprendre par un signe qu'il était temps pour lui de s'arrêter.

Au bout d'un instant, Napoléon rompit le silence et dit :

— Vous êtes bien téméraire, mais je vois que vous êtes un fidèle ami. Finissons, je vais charger Berthier d'examiner cette affaire ; voyons quel sera le résultat de son enquête.

M. de Spiegel était sauvé.

M. Müller vit pour la dernière fois l'empereur le jour où passant à Weimar il s'y arrêta pendant quelques heures. En repartant de là, il se montra fort gai, chanta à diverses reprises *Malbrouck s'en va-t-en guerre*, puis abordant avec le duc et son conseiller intime la question de la Réforme, il dit :

— Si Charles-Quint avait été intelligent, il se serait mis à la tête de ce mouvement. Vu l'état des esprits à cette époque, il lui aurait été facile par ce moyen d'asseoir sa domination sur l'Allemagne entière.

Les deux souverains se quittèrent à Eckartsberga pour ne plus se revoir.

M. Müller, qui n'avait plus de rôle diplomatique ni politique à jouer par suite de la tournure que prenaient les événements, se consacra dès lors à ses fonctions administratives et, dans ses moments de loisir, cultiva l'amitié de Gœthe. Plus tard il écrivit *Le génie moral de Gœthe* et *La vertu pra-*

tique de Gœthe. Enfin sur ses vieux jours, en 1847, il rédigea ses *Souvenirs des années de guerre* (1806-1813). Il mourut le 21 octobre 1849, à l'âge de 70 ans.

L'ODYSSÉE D'UN PRISONNIER D'ÉTAT

WURTEMBERGEOIS

Au dix-huitième siècle, les moindres souverains allemands avaient leurs prisons d'Etat. Le roi de Prusse avait fait de Spandau un lieu de détention dont le nom seul remplissait tout son peuple d'effroi ; l'électeur de Saxe avait Kœnigstein ; quant aux ducs de Wurtemberg, ils avaient leur Bastille à Hohenasperg, vieille forteresse datant de l'époque féodale et plantée au sommet d'une butte de grès qui domine tout le pays environnant.

Convertie en prison d'Etat par le duc Charles-Eugène, vers 1750, la citadelle avait tenu fort longtemps enfermés dans ses murs le poète Schubart et le financier Süss-Oppenheimer, ancien ministre. Mais de tous les prisonniers qui ont langui dans ses cachots, le plus intéressant est assurément l'homme qui devint, par la suite, le lieutenant-général prussien de François.

L'histoire, ou plutôt le roman de ce dernier, a pu être reconstituée grâce à des lettres qui ont été retrouvées par des membres de sa famille et aux notes laissées par le général Franz Jakob de Berndes, qui, en 1808, était commandant de Hohenasperg, et par le comte Sontheim.

De François était, en 1806, lieutenant dans un régiment prussien. Après Tilsitt, comme une infinité de ses camarades, comme Suckow, par exemple, il se vit obligé d'aller chercher fortune hors de son pays natal. Ainsi que l'auteur d'*Iéna à Moscou*, il entra au service du Wurtemberg et fut même, un instant, distingué par Frédéric Ier, devenu roi depuis le 1er janvier 1806. Mais sa faveur ne dura pas longtemps. Il est vrai de dire que lui-même fut le principal artisan de ses malheurs.

Le 28 juillet 1808, pendant un bal donné à Esslingen par la *Société du casino*, de François, qui avait dansé beaucoup et bu davantage, eut une altercation des plus violentes avec le capitaine de Wagner, chargé de maintenir l'ordre parmi cette jeunesse exubérante. Au paroxysme de la fureur, il voulut transpercer de son épée le capitaine qui l'engageait à se calmer et à regagner son domicile. Arrêté séance tenante, il fut transféré à Ludwigsburg et jugé le 31 juillet.

« En cette occasion, écrit le général de Berndes, la passion a présidé à tout, et le temps était mesuré si court aux juges qu'il leur a été impossible de procéder convenablement à l'audition des témoins, d'étudier le dossier et de réfléchir à ce qu'ils allaient faire. »

Le jugement, rendu à dix heures du matin, était affiché dès midi. Le voici :

« Le lieutenant de François, qui a commis l'acte

d'insubordination le plus grave et qui a tiré l'épée contre le capitaine de Wagner, lequel était en service commandé, est condamné par la présente à être fusillé, le 3 août, à six heures du matin.

« Frédéric. »

Le conseil de guerre, à l'exception de son président, le colonel de Rœder, qui avait voté pour l'acquittement, avait formulé son jugement en ces termes :

« De François doit être arquebusé en punition de sa faute et à titre d'exemple. »

Le condamné ne fut informé que le 2 août, à dix heures du matin, de l'arrêt prononcé contre lui.

De toutes parts on adressa au roi des suppliques en sa faveur ; le prince héritier lui-même se jeta aux pieds de son père et lui demanda la grâce du lieutenant, mais Frédéric Ier, qui était un homme cruel et fantasque, ne voulut rien entendre.

Immédiatement après avoir entendu la lecture du jugement, de François fut ramené à Esslingen. A peine enfermé dans sa cellule, il eut la visite d'un maître menuisier et du fossoyeur. Il dut payer au premier cinq florins et demi pour « un cerceuil en planches non rabotées » et au deuxième deux florins pour « une fosse proprement creusée et différentes menues dépenses ». Tous deux lui remirent quittance de l'argent versé.

Le lendemain, à cinq heures trois quarts du matin, de François fut extrait de sa cellule.

— J'arrivai sur les lieux de la boucherie, écrit-il. Tout était prêt en vue de mon exécution. Les commandements pour charger les armes se firent entendre, puis le piquet se mit en joue. À ce moment, on me donna encore une fois lecture du jugement qui me condamnait à mort. J'attendais impatiemment que vînt le mot Frédéric, auquel devait succéder aussitôt la décharge. Mais tout à coup je sentis mon sang se figer dans mes veines. On me lisait un autre papier de la teneur suivante :

« Grâce de la vie est accordée au lieutenant de
« François qui avait été condamné à être fusillé
« pour acte d'insubordination grave. *Il subira les*
« *angoisses de la mort*, sera cassé devant le front
« de son régiment, déclaré impropre à tout ser-
« vice militaire ultérieur et enfermé pendant six
« ans à la citadelle de Hohenasperg. A l'expiration
« de cette peine, il sera reconduit à la frontière
« de nos Etats.
       « Frédéric. »

En entendant cet arrêt épouvantable, je vis se dresser devant mes yeux Frédéric de Trenk dont, pendant mon enfance, j'avais entendu raconter les infortunes. Je me mis à blasphémer contre le roi et contre la grâce qu'il m'avait accordée. Comme un fou furieux je saisis par les rênes le cheval du colonel de Breuning, et je criai : « Mon colonel, si vous êtes un homme d'honneur, vous direz au monarque qu'il est un monstre dont la seule joie est de torturer à mort les pauvres malheureux ! »

La foule s'échauffant en faveur de François, ce dernier fut ramené en toute hâte dans sa prison. Le même jour, un nouveau conseil de guerre fut réuni et prononça l'arrêt suivant :

« De François, qui s'est rendu coupable de lèse-majesté, sera cassé et enfermé sa vie durant comme prisonnier d'Etat.

« Frédéric. »

Le lieutenant, à la suite de ces émotions violentes, avait eu une syncope dont il ne revint qu'une fois en prison. Malgré les bonnes paroles et les encouragements que venaient fréquemment lui prodiguer le général de Berndes et le pasteur Kerner, il ne sortait pas de son engourdissement et ne prononçait pas une parole, si bien que, le 15 septembre 1808, le général écrivait au ministre de la guerre : « Le prisonnier d'Etat de François est devenu fou. »

Or, le 16 septembre, à peine le gardien venait-il d'apporter à ce dernier son modeste repas qu'une grosse pierre, lancée du dehors, tomba dans sa cellule. Cette pierre était enveloppée dans un morceau de papier sur lequel étaient écrits ces mots :

« Un homme de votre trempe, qui a su regarder aussi courageusement la mort en face, doit-il perdre l'espoir parce qu'il est enfermé entre quatre murs ? La tombe seule ne rend pas les morts, tandis que les verrous des prisons ont été déjà souvent arrachés. Avec du courage et de la patience, un homme arrive à surmonter les plus rudes obstacles. »

L'écriture était contrefaite, et, pour toute signature, le papier portait un W.

A partir de ce moment, de François se ressaisit et ne songea plus qu'à préparer son évasion. Avant tout, il résolut de se procurer un peu d'argent. (Le doyen Herwig, d'Esslingen, put lui remettre un jour en cachette une pièce de trois florins.) Il avait commencé à percer le mur de sa cellule quand, un beau jour, le général de Berndes vint lui annoncer qu'il allait être transféré dans une autre où il aurait plus de lumière et de chaleur. Tout était donc à recommencer. Aussitôt installé, de François se remit à l'ouvrage avec une inlassable énergie. Il n'avait, en guise d'outil, que son couteau de table, et, par conséquent, n'avançait pas vite. Néanmoins, le 16 octobre, il avait fini de percer le mur et constatait que l'ouverture obtenue donnait dans une écurie. « En voyant cela, écrit-il, je me mis à genoux et je remerciai Dieu. » Mais, comme il lui fallait de l'argent pour se sauver, il eut recours à la ruse que voici. Il écrivit au général de Berndes et lui dit que, son anniversaire de naissance tombant le 18 octobre, il désirait avoir à cette occasion un peu d'argent ; en même temps, il demanda au général de vouloir bien lui faire restituer divers bijoux et souvenirs de famille, dont il avait été dépouillé à son entrée en prison. Le général, qui était un homme très bienveillant, fit droit à sa requête et lui envoya même des gâteaux et une bouteille de vin.

Ce fut dans la nuit du 24 au 25 octobre 1808 que François mit à exécution son projet d'évasion. Avec de la suie, dont il avait fait provision depuis quelques jours, il se noircit la figure et les vêtements, et lorsque son costume de ramoneur fut complet, il passa par l'ouverture pratiquée dans le mur et se laissant glisser le long de ses draps de lit noués bout à bout, il parvint à l'écurie. La porte de celle-ci était gardée par une sentinelle qui arrêta pour la forme le pseudo-ramoneur, mais les choses faillirent se gâter à la porte de la citadelle, car, interrogé par le sous-officier de garde, de François lui répondit par mégarde en bon allemand. Heureusement le chef de poste ne s'aperçut de rien ou plutôt ne comprit pas ce qui lui avait été dit, en sorte que le fugitif, ayant répété sa phrase en dialecte souabe, obtint la permission de sortir.

Le voilà donc libre, mais dans l'obscurité, par un brouillard intense et au milieu d'une contrée qu'il ne connaissait pas. Après des marches et des contremarches sans nombre, il finit par échouer devant une petite ville dont les ponts étaient relevés. Il fallut parlementer avec le gardien de l'une. Celui-ci, moyennant un pourboire, consentit à laisser entrer de François. Ce dernier, qui avait fait halte auprès d'une fontaine et s'était débarbouillé sommairement, se donna pour un ouvrier tailleur et se fit conduire à la poste aux chevaux. Là, de nouvelles difficultés l'attendaient, le maître de poste ne voulant pas donner de voiture avant d'avoir touché le prix du voyage jusqu'à Pforzheim, endroit où de François pensait se rendre. Après d'interminables négociations, il finit par tirer de sa poche les bijoux qui lui avaient été rendus par le général de Berndes. Le postillon s'étant porté garant pour le voyageur, celui-ci put enfin partir.

Mais il n'était pas encore au bout de ses peines et de ses angoisses. La route qu'il devait suivre pour gagner Pforzheim passait au pied de la butte sur laquelle s'élève la citadelle de Hohenasperg. Or à peine s'y était-il engagé, que trois coups de canon partirent de cette dernière. C'était le signal employé en ce temps-là pour prévenir les habitants qu'un soldat avait déserté ou qu'un prisonnier s'était évadé. Tout le monde devait alors se mettre à la recherche du fugitif. Celui qui le ramenait recevait une récompense ; en revanche ceux qui étaient convaincus d'avoir favorisé sa fuite s'exposaient aux peines les plus sévères, quelquefois à la pendaison.

Voici comment de François raconte cet épisode de son évasion :

« Tout à coup une douzaine de paysans armés de gourdins se précipitèrent sur la voiture et l'arrêtèrent. Sans perdre ma présence d'esprit, je leur criai : « Ne l'auriez-vous pas aperçu ? Moi-même « je suis à sa recherche et je vous souhaite bonne « prise. » Très désappointés, ils me firent des excuses et se retirèrent. »

Les choses allèrent mieux à partir de ce moment. Après avoir franchi sans encombre la frontière du grand-duché de Bade, il se rendit auprès du maître de poste de Pforzheim, qui le connaissait et qui lui donna tout ce dont il avait besoin pour continuer son voyage. Bien lui en prit de passer vivement le Rhin, car, en vertu d'un cartel existant entre le Wurtemberg et Bade, peu d'instants après son départ, la ville fut envahie par une nuée de gendarmes des deux pays qui fouillèrent toutes les maisons.

Passant par Mulhouse, Bâle, Bregenz, Kempten, Augsbourg, de François gagna d'abord Nuremberg, puis, après avoir goûté un repos mérité, il se rendit chez ses parents, au château de Niemegk, en Saxe.

Mais cette histoire eut un épilogue.

En décembre 1813, des troupes russes traversaient le Wurtemberg. Pas plus aimable pour elles qu'il ne l'avait été pour ses alliés, les Français, le roi vint à leur rencontre et leur signifia en termes violents l'interdiction de franchir la porte royale de Stuttgart. Cet ordre fut respecté ; mais, à quelques jours de là, plusieurs officiers demandèrent à voir le souverain, auquel ils étaient chargés de remettre des plis.

— Comment vous appelez-vous? demanda-t-il à l'un d'eux qui portait l'uniforme de chef d'escadrons de hussards.

— François, sire.

— Comment dites-vous ?

— Sire, je m'appelle François.

— Alors, vous êtes ce François qui a été condamné à mort, puis gracié par moi. C'est vous qui vous êtes évadé de prison, n'est-ce pas ? Vous avez un fier aplomb d'oser vous présenter devant moi !

— A vos ordres, Sire, mais je viens en qualité de chef d'escadrons russe.

En entendant ces mots, le roi sourit presque gracieusement et, d'un geste de la main, congédia le visiteur.

Celui-ci, qui avait, au moment de son arrestation, vingt-trois ans, est mort le 7 février 1855.

Rentré dans son pays après la bataille de Waterloo, il avait repris du service dans les rangs prussiens et était parvenu au grade de lieutenant-général.

Le héros de cette histoire était le père du général de François qui, le 6 août 1870, a été tué à l'assaut des hauteurs de Spicheren.

LE PETIT EMPLOYÉ DE BANQUE
ET LE GRAND EMPEREUR

Un épisode des Cent jours.

D'après la légende, la grosse fortune de la maison Rothschild s'est faite au lendemain de Waterloo, mais s'il faut ajouter foi aux dires d'un banquier anglais, anonyme, le seul retour de l'île d'Elbe aurait déjà valu des gains énormes aux célèbres financiers. A part une allusion assez obscure que Napoléon fit à ce sujet, en présence de ses familiers, à Sainte-Hélène, il n'existe aucune trace de l'épisode suivant, mentionné par le banquier en question.

Celui-ci, très jeune en 1815, travaillait comme petit employé dans les bureaux de M. James de Rothschild, à Paris. Le 5 mars, entre neuf et dix heures du soir, le personnel de la maison se préparait à s'en aller, quand la porte s'ouvrit brusquement, livrant passage au baron James, qui, tout effaré, annonça le débarquement de Napoléon à Fréjus, et sa marche sur Paris. « Louis XVIII, continua-t-il, va se sauver aussi vite que sa corpulence le lui permettra. Les ministres rédigent une proclamation emphatique qu'ils feront afficher demain matin. Ce n'est pas cela qui les sauvera. Une fois de plus, la stupidité des Bourbons va troubler la paix et entraîner la France à de nouvelles guerres. Vous n'ignorez pas, messieurs, que nous avons dans nos caves cent millions en napoléons d'or. Il est évident que Talleyrand et Fouché ne reculeront devant rien pour se faire bien venir de l'empereur. Comme ils savent le montant de notre encaisse en or, il est non moins évident qu'ils l'engageront à s'emparer de cette somme, à titre d'emprunt forcé. Comment nous tirer de là ? La confiscation des cent millions entraînera la perte de notre maison. Mon frère Nathan seul (il était à Londres) pourrait nous sauver ; mais comment le prévenir ? »

La chose n'était pas facile, car les barrières étaient fermées et gardées par la troupe. Cependant, l'auteur de ce récit ayant appris qu'un Allemand nommé Schmidt, courrier de l'ambassade d'Angleterre, était autorisé à sortir de Paris pour porter des dépêches à Londres, offrit à M. de Rothschild de remplir auprès du baron Nathan la mission qu'il lui plairait de lui confier. Quoique très interloqué par la proposition que lui faisait cet employé à 1.500 francs par an, le baron James condescendit à lui exposer que ce Schmidt avait refusé les 10.000 francs qu'on lui avait offerts s'il voulait se charger d'emporter une lettre à l'adresse de son frère Nathan, et que, par conséquent, il était superflu de renouveler une tentative auprès de lui.

Mais l'auteur ne se laissa pas convaincre et insista auprès de son patron, déclarant nettement qu'avec de l'argent et une lettre d'introduction, il se faisait fort de remplir la mission.

Gagné par sa chaleur et se disant, en somme qu'il ne fallait dédaigner aucune chance de salut, le baron James lui fit donner de l'argent et lui remit un chiffon de papier avec ces mots griffonnés en hébreu : « Tu peux te fier entièrement au porteur. » Avant de suivre l'auteur dans sa course vertigineuse, il importe de remarquer que cet homme était un passionné joueur d'échecs. Dès qu'il avait une minute de loisir, il se précipitait au café de la Régence, où il engageait, sans tarder, une partie avec le courrier Schmidt, lequel avait au même degré que lui le culte du jeu, noble entre tous. A force de s'escrimer l'un contre l'autre, ces deux jeunes gens étaient devenus une paire d'amis, plus que cela, de vrais inséparables. L'auteur, qui, évidemment, n'était pas le premier venu, avait entrevu, dès le nom de Schmidt prononcé, le parti qu'il pourrait tirer de la communauté de leurs goûts. Au sortir des bureaux de M. de Rothschild, il se rendit au café de la Régence et demanda qu'on voulût bien lui prêter un jeu d'échecs. De là, il s'en alla trouver son partner. Celui-ci, tout naturellement, s'empressa de lui conter ses peines, c'est-à-dire l'obligation où il était de faire le voyage de Londres. Non moins naturellement, l'autre lui proposa de l'accompagner, histoire de faire d'interminables parties en vue de rompre la monotonie de la route, et finalement l'entortilla de la façon la plus merveilleuse. Schmidt ne demandait qu'à se laisser convaincre, et bientôt l'émissaire de M. de Rothschild fut installé en face de lui, dans une confortable chaise de poste.

Au dernier relais avant Boulogne, l'auteur s'arrangea pour provoquer un accident de voiture (il avait enlevé l'écrou d'une roue). Tandis que ce pauvre innocent de Schmidt s'échinait à faire les réparations nécessaires, son ami, qui, véritablement, n'était pas digne de ce titre, enfourchait le premier cheval venu, partait au galop et, d'une seule traite, gagnait la ville, après avoir parcouru les dix milles qui la séparaient du théâtre de l'accident. C'était, on l'avouera, une chevauchée peu ordinaire pour un homme qui, peut-être, montait à cheval, ce jour-là, pour la première fois de sa vie, ou qui, du moins, ne devait pas être entraîné à cet exercice violent.

Le voici donc à Boulogne, où de nombreux obstacles se dressent devant lui, sous forme de sentinelles postées de distance en distance. Des pièces d'or, semées adroitement, lui frayent un chemin. Il se jette dans une barque de contrebandiers qui semble préparée à son intention — comme dans les *Trois Mousquetaires* — et, poussé par un vent favorable, s'éloigne de la rive. Quelques heures plus tard, il débarque à Douvres, se fait donner une voiture attelée de quatre vigoureux postiers et repart à une allure folle. Enfin, à cinq heures du matin, trente heures après avoir quitté Paris, il sonne à la porte de M. Nathan de Rothschild, lequel, sur le premier moment, n'est pas autrement enchanté d'être réveillé à une heure si matinale.

« Tiré brusquement d'un profond sommeil et informé de la catastrophe à laquelle sa maison était exposée, il garda tout son sang-froid et, après une minute de réflexion, me donna les instructions suivantes : « Vous allez retourner en toute hâte auprès de mon frère. Ne vous laissez pas surmonter par la fatigue et arrivez à Paris avant Napoléon. Soyez bien persuadé que vous n'obligez pas des ingrats. Je ne vous en dis pas davantage, car le moment n'est pas aux remerciements. Et maintenant, retenez mes paroles. Le règne de Napoléon sera éphémère. L'armée se déclarera évidemment pour lui, mais la nation, lasse de si nombreuses guerres, ne la suivra pas. Le problème consiste pour nous à faire disparaître notre or, sans nous brouiller avec l'empereur. Nous n'avons rien à payer d'ici quelque temps, mais les billets et valeurs vont subir une dépréciation ; par conséquent, l'or fera prime. Notre ligne de conduite est donc tracée : nous n'avons qu'à échanger notre métal contre des billets et des valeurs et à garder le tout dans notre caisse jusqu'au jour où le calme aura succédé à la tempête. Il est bien entendu que mon frère devra assister à toutes les réceptions des Tuileries, quitte, si on lui demande de l'argent, à répondre qu'il n'en a plus. Et maintenant, partez, mon garçon, et rentrez à Paris aussi vite que possible. »

Lorsque le jeune homme allait sortir, le baron Nathan le rappela et lui demanda combien de temps il faudrait à Schmidt pour arriver à Londres. Sur la réponse qu'il ne pourrait pas y être avant neuf ou dix heures du matin, M. de Rothschild envoya son agent prévenir lord Castlereagh (alors ministre des affaires étrangères) des événements qui se passaient en France.

« Comme vous n'avez pas de passeport, ajouta-t-il, et que j'en ai plusieurs signés en blanc, je vais vous en donner un. Passez par Calais; ce sera plus prudent, car, à Boulogne, on vous arrêterait probablement. »

Tout ceci fut exécuté à la lettre, et le 8 mars, à une heure de l'après-midi, notre homme remit au baron James les instructions de son frère. Elles furent si exactement suivies que le jour où l'empereur rentrait à Paris il n'y avait plus un centime dans les caisses de la maison Rothschild. Les plans de Talleyrand et de Fouché étaient déjoués, mais pendant la courte durée de son deuxième règne, Napoléon Ier ne témoigna ni mécontentement ni ressentiment à M. de Rothschild.

LE PAVÉ DU ROI A BERLIN

Il y a de cela bientôt cent ans, nombre de Berlinois, appelés au dehors par leurs affaires, alors que tombait une pluie diluvienne, s'avisèrent que le pavé des rues principales, à plus forte raison celui des ruelles, se trouvait dans un fâcheux état, propice à la formation de mares, bourbiers, voire même de petits étangs et autres obstacles gênants pour les modestes piétons.

Ils firent aussitôt leurs doléances à la municipalité, cela va sans dire. Celle-ci ne voulut rien entendre, craignant d'entrer en conflit à ce propos avec S. M. Frédéric-Guillaume III, le plus bienveillant mais aussi le plus économe des monarques. Il faut ajouter à l'excuse des braves édiles que, suivant un usage très ancien, les électeurs de Brandebourg avaient toujours pris à leur charge le pavage de la capitale.

Les Berlinois sont patients, mais têtus. Rares dans les premiers jours, les réclamations ne tardèrent pas à tomber drues comme grêle sur le

« magistrat » qui, finalement, ordonna les travaux exigés, se disant que la Providence viendrait à son secours au moment opportun. En cela, il se trompait fort. Les entrepreneurs, après avoir accompli leur tâche et rendu la viabilité aux rues devenues à nouveau dignes de ce titre, ne manquèrent point d'envoyer leur note à la municipalité, ce qui fit retomber cette dernière dans les perplexités les plus grandes.

Or, un beau jour, les maîtres-paveurs, se lassant de ne pas recevoir d'argent, devinrent plus pressants et menacèrent même d'aller se plaindre auprès du roi. Devant un argument aussi décisif, la municipalité prit son courage à deux mains et résolut d'envoyer à Frédéric-Guillaume une députation chargée de lui soumettre les factures et de lui en demander le payement. La mission était délicate, elle fut couronnée d'un insuccès complet.

En effet, dès les premiers mots, le souverain avait arrêté l'orateur qui s'était offert à lui exposer la question et lui dit avec un air assez peu aimable :

— Qu'est-ce que vous me chantez là ? Depuis quand le roi doit-il entretenir le pavé de la ville ?

— Sire, une coutume ancienne le veut ainsi...

— Quelle coutume ? Je n'entends rien à vos histoires. Mettez-moi cela par écrit, peut-être y verrai-je plus clair.

Il fut donc fait selon la volonté royale. Un greffier émérite rédigea, suivant toutes les règles admises dans les chancelleries de l'époque, un *pro memoria*, capable de frapper l'œil le plus sévère et d'attendrir le cœur le plus endurci. La supplique fut remise à son adresse, mais, contre l'attente générale, Frédéric-Guillaume demeura inébranlable dans son refus.

De là, perplexités nouvelles de la municipalité, qui traversa des moments pénibles jusqu'au jour où un conseiller bien inspiré s'écria :

— Pourquoi ne ferions-nous pas comme le meunier de la *Windmühle* ? (Moulin à vent. Il s'agit du moulin fameux de Sans-Souci.) Pourquoi ne plaiderions-nous pas contre Sa Majesté ?

— C'est cela. Il a raison. Nous plaiderons, s'écrièrent les autres.

Effectivement, l'affaire fut portée devant le *Kammergericht* (tribunal suprême), qui ordonna une enquête contradictoire. Deux avocats furent désignés pour rechercher dans les archives les documents capables d'éclairer la religion de la cour. Tous deux s'acquittèrent avec un soin jaloux de leur mission et, au bout de quatre semaines, le tribunal suprême se réunit sous la présidence de son doyen, S. Exc. M. Woltermann, et rendit, à la suite d'une longue séance, un jugement portant que, « à l'unanimité des voix, le *Kammergericht* était d'avis que le pavage de la capitale et résidence devait être mis à la charge du roi et que Sa Majesté devait en outre payer les frais du présent procès ».

Lorsque cette sentence eut été communiquée à Frédéric-Guillaume III, il en fut stupéfait d'abord, puis, la colère prenant le dessus, il s'écria :

— Ils ont jugé, soit ! D'autres jugeront à leur tour. Dès maintenant j'en appelle devant le tribunal supérieur de Francfort-sur-l'Oder.

La décision du roi, portée aussitôt à la connaissance du président Woltermann, souleva une émotion très vive parmi les juges de la Cour suprême, car, dans la hiérarchie judiciaire du royaume, le tribunal supérieur de Francfort occupait un rang très inférieur à celui du *Kammergericht.* L'affront infligé par le monarque aux juges les plus réputés de son royaume était sanglant. Après de longues et mûres délibérations, ils se décidèrent à faire une démarche solennelle auprès du roi, à lui exposer leurs griefs, et, au besoin, à lui remettre leur démission.

Certain dimanche, à l'heure où les bourgeois de la capitale déjeunaient tranquillement et copieusement, une longue théorie d'hommes vêtus de noir, précédée de deux vieillards revêtus des insignes de l'Aigle-Noir, déboucha du Palais de justice et se dirigea vers le palais royal. C'étaient MM. les présidents Woltermann et de Trutzschler — chevaliers de l'ordre prussien le plus illustre — suivis de tous les conseillers, assesseurs et référendaires, qui allaient porter leurs doléances à leur maître et lui demander leur congé.

Amenés en présence du roi, dont la mine sévère et les gestes impatients ne leur présageaient rien de bon, les magistrats éprouvèrent une grande gêne et reculèrent jusqu'au fond de la salle ; mais le président Woltermann, en qui s'unissaient une profonde sagesse et un courage inébranlable, demeuré seul en face du maître et voyant que celui-ci ne faisait point mine de rompre le silence, prit la parole en ces termes (ou à peu près) :

— Sire, Votre Majesté voudra bien nous pardonner la démarche que nous nous permettons aujourd'hui. O mon royal maître, vous voyez réunis devant vous tous les membres du premier tribunal de votre monarchie. Nous rendons la justice conformément à la loi et suivant notre conscience sans tenir compte des personnes ni du rang social qu'elles occupent. Nous jugeons avec le droit de vie et de mort sur vos sujets, et seul, le meilleur, le plus bienveillant et le plus vertueux des souverains a le droit de gracier ceux que nous avons frappés. Nous rendons souvent des jugements sévères, mais nos concitoyens les acceptent parce qu'ils ont en nous une confiance illimitée.

Cette confiance, qui nous entoure, à la façon d'un rempart défiant tous les assauts, nous la devons au sentiment de la nation entière, à la conviction que nous jugeons sans considération de rang ni de situation, que nos arrêts sont dictés uniquement par la loi et le droit. Sire, notre maître bien-aimé, nous avons prononcé contre Votre Majesté ; nous nous sommes conformés à notre devoir et vous nous avez retiré votre confiance. L'exemple du roi ne pourra qu'ébranler la confiance du peuple en nous. Faisant acte d'autorité, Votre Majesté soumet à l'examen de tribunaux d'un instance inférieure un jugement rendu par nous après longue réflexion et conformément aux usages établis.

Cette mesure, qui peut entraîner la modification ou la cassation du verdict rendu par nous, est une dégradation que vous nous infligez et qui nous met désormais dans l'impossibilité de former le tribunal suprême du royaume de Prusse. Au nom des présidents, mes collègues, au nom des conseillers, assesseurs et référendaires, autorisé par chacun d'eux et me conformant à leur invitation, je prie Votre Majesté d'accepter notre démission.

Aussi longtemps qu'avait duré cette harangue, Frédéric-Guillaume était resté les yeux rivés sur l'orateur. Quand celui-ci eut achevé de parler, il y eut un silence pénible, que soulignaient encore l'air morne des assistants et leurs vêtements noirs.

Enfin, le roi parla :

— Ainsi, vous avez tous été contre moi ? demanda-t-il.

— Oui, sire, tous, répondit M. Woltermann. Si nous n'avions pas été unanimes sur ce point, nous ne serions pas ici à cette heure.

— C'est vrai, c'est vrai, fit le roi, dont le visage se rasséréna peu à peu. Le jugement de plusieurs, continua-t-il avec une expression de voix toute différente, est plus exact que celui d'un seul. Je ne suis qu'un homme et je puis me tromper. Vous conserverez vos fonctions et... puisque j'ai tort, selon vous, je payerai les frais de pavage et le reste..., mais cela va me coûter bien cher.

C'est ainsi qu'à l'aurore du dix-neuvième siècle la capitale de la Prusse fut pavée à neuf sans que les habitants eussent à délier les cordons de leurs bourses, et qu'une fois de plus se vérifia la justesse du dicton populaire concernant les juges de Berlin.

LES DÉBUTS DE LOLA MONTÈS

EN ALLEMAGNE

(1846)

D'après la version admise jusqu'à ce jour, Lola Montès aurait été amenée, par un impresario, directement de Bruxelles à Munich, où elle aurait débuté comme danseuse espagnole.

Le général prussien en retraite Kreszner assure que les choses ne se sont point passées de cette façon et donne de cet *événement* un récit d'autant plus curieux que, du même coup, il nous livre un aperçu de l'existence des petites cours allemandes, il y a soixante ans.

C'était en 1846, — l'auteur avait dix ans. — La famille Kreszner célébrait (à table) un anniversaire de naissance, quand, au beau milieu du repas, un valet de pied de la cour vint tout essoufflé quérir l'oncle Hannibal, chef d'escadron *honoraire* (l'armée de Son Altesse Sérénissime ne comprenant que 80 fantassins) et grand écuyer. L'absence de ce haut dignitaire fut longue et le reste de la famille dut se résigner à manger sans lui un rôti qui, depuis longtemps, était calciné. Quand il revint, les messieurs avaient déjà fumé de nombreux cigares.

Interrogé sur les motifs de l'inopportun dérangement qui lui avait été infligé, il raconta, non sans éponger fréquemment son front ruisselant de sueur, qu'il avait dû organiser des relais jusqu'à la gare, donner des instructions au fourrier de la cour, au maître d'hôtel, au chef cuisinier, en un mot à tout le personnel du château, « parce que le prince (de Reuss-Greitz) attendait une dame dont il avait fait la connaissance à Londres et qui venait de lui annoncer inopinément sa visite. » Elle devait arriver le lendemain à Leipzig; c'était là que les équipages de la cour devaient la chercher. On ne savait pas quelle était cette personne; toutefois, l'officier d'ordonnance qui avait accompagné *Serenissimus* à Londres croyait pouvoir affirmer que c'était une danseuse. Les protestations que souleva cette révélation de l'oncle Hannibal lui prouvèrent qu'il aurait mieux fait de se taire.

Le lendemain, dès la première heure, le bambin, intrigué par le récit de son oncle, s'échappa de la maison paternelle et courut au château dont le personnel travaillait fiévreusement à mettre les jardins, les parcs, les écuries et les appartements dans le plus grand état de propreté.

Le chef jardinier s'était adjoint des auxiliaires; la vieille Neumeister et ses nombreux enfants arrachaient en toute hâte l'herbe qui envahissait le pavé de la cour; le gardien du parc faisait masquer par des orangers, des palmiers et des lauriers le bassin (qui servait en même temps de vivier). Louis, le valet de chambre français de Son Altesse Sérénissime, courait d'un étage à l'autre, ouvrait les fenêtres et les portes, grimpait sur le toit et remplaçait le drapeau très défraîchi, qui indiquait la présence de monseigneur au château. Un autre domestique posait des tapis sur le grand escalier, un troisième clouait sur la façade principale d'énormes guirlandes de verdure... Le chef cuisinier avait endossé une tenue d'une blancheur immaculée ; la sentinelle double, préposée à la garde du palais, avait arboré la grande tenue : shako avec plumet, habit blanc à revers foncés, culotte blanche et longues guêtres de drap noir... Tout le personnel était en mouvement, comme dans une fourmilière.

Cependant, au sens du jeune Kreszner, le temps s'écoulait bien lentement. Enfin, vers trois heures de l'après-midi, la grosse diligence rouge aux armes de Tour-et-Taxis (fermier des postes allemandes) vint s'arrêter sur la place, et le postillon annonça l'arrivée prochaine de l'équipage princier. Aussitôt les fonctionnaires et dignitaires se rendirent au château. C'était l'oncle Hannibal qui ouvrait la marche.

« Il avait le chapeau avec le grand plumet blanc, le frac bleu couvert de broderies d'argent avec de grosses épaulettes et des aiguillettes, la culotte en peau de daim, les grandes bottes à revers avec des éperons dorés et enfin une latte de dimensions phénoménales. Derrière lui, venait le grand veneur également en tenue de gala. Puis ce fut le tour du corps d'officiers en grande tenue de service. Le poste sortit à cette occasion et présenta les armes,

Au bout d'un instant, le prince lui-même parut au balcon. Pour la circonstance, il avait mis le chapeau à plumes, l'habit blanc chamarré d'or et de décorations. En ce costume, il avait très grand air, mais il paraissait nerveux. »

Tout cela pour une danseuse ! Mais il y eut encore mieux.

Toute la société de la cour, y compris les dames, était invitée au dîner qui devait être servi à cinq heures précises. Les messieurs avaient à s'y rendre en tenue de gala et les femmes en toilette décolletée. Ceci provoqua des discussions dans plusieurs ménages. Notamment le père de l'auteur dut recourir aux arguments les plus sérieux pour vaincre les scrupules de Mme Kreszner, très ennuyée d'avoir à coudoyer « une personne aussi suspecte ». Ce conflit était à peine apaisé, lorsqu' « une calèche attelée à la Daumont déboucha sur la place. Immédiatement le prince, accompagné de son aide de camp, vint se mettre sous le porche ; derrière lui s'échelonnèrent un major, l'oncle Hannibal, le grand veneur et le corps d'officiers. En même temps, le poste sortit, présenta les armes et le tambour battit aux champs ».

Arrivée au centre de la place, la voiture s'arrête sur un signe du prince, un valet de pied saute à bas de son siège, ouvre la portière et se met au « garde à vous », tandis que S. A. S. baise une petite main qui lui est tendue, puis offre son bras à la belle voyageuse pour la mener au château. Arrivé au grand portail, il lui présente ses fonctionnaires, ses officiers et se dispose à poursuivre son chemin, quand la gaillarde le plante là et... court passer en revue les douze hommes du poste dont la tenue lui suggère différentes critiques aussitôt soumises au prince.

Les habitants de Greitz n'en revenaient pas. D'ailleurs, les confidences des postillons n'étaient pas de nature à dissiper leur ahurissement. L'étrangère — princesse ou danseuse, on ne savait — depuis le départ de Leipzig, avait fumé une cigarette après l'autre, était montée sur le siège à côté du valet de pied et même avait donné de l'éventail dans la figure de ce dernier, parce qu'il n'avait pas su répondre à l'une de ses questions !

Contrairement à l'attente des dames de Greitz, Lola Montès fut d'une réserve et d'une amabilité qui les enchantèrent. Les réflexions qu'au retour Mme Kreszner échangea sur ce sujet avec son mari, aiguillonnèrent la curiosité de leur fils, qui, le lendemain, dès la première heure, s'esquiva de la maison paternelle et s'en fut rôder à travers le parc, où il espérait bien apercevoir à un moment quelconque « cette dame piquante plutôt que belle, aux yeux de feu, mais au teint olivâtre ». Il ne fut pas déçu dans son espoir. Il la vit même de très près.

La présentation fut faite au tournant d'une allée par Turc, un grand chien appartenant à S. A. S., et qui, dès le premier instant, avait témoigné la plus vive sympathie à la dame inconnue. Un coup de foudre.

— Ah ! vous vous connaissez, demanda-t-elle au gamin que le bon toutou était allé caresser.

— Oui, madame, c'est mon ami Turc.

Là-dessus, M. Kreszner fut institué guide attitré de Lola. Il la promena dans tous les coins et recoins du parc et du jardin et eut, en la circonstance, une des plus belles peurs de sa vie. L'autre ne s'était-elle pas avisée de décapiter successivement, à coups de cravache, toutes les fleurs à portée de sa main, les fleurs que le prince aimait à la folie ! Quand elle fut lasse de cet exercice, elle congédia le petit bonhomme après l'avoir embrassé sur les deux joues. L'auteur insiste complaisamment sur ce dernier détail et, au fait, il n'a pas tort.

Les fêtes se suivirent sans interruption ; mais patatras ! un beau jour survint une catastrophe. Désireux de donner à son invitée la plus haute idée possible de ce qu'il appelait ses *Etats* (ils avaient trente mille habitants à l'époque), le prince la promena un peu de tous côtés, sous prétexte de réunions champêtres, de déjeuners sur l'herbe et autres distractions du même genre.

La société devait, ce jour-là, passer la matinée à *Jægerlust*, un pavillon de chasse que le prince avait fait construire au milieu d'un site admirable. Un déjeuner à la fourchette avait été préparé et, comme l'amphitryon n'avait négligé aucun détail, une fanfare de cors, la musique des forestiers et des mineurs et un chœur d'écoliers, dissimulés par un massif de verdure ou installés sur les plus hautes cimes des arbres, devaient alterner pour égayer le repas.

Au début, tout alla fort bien et l'humeur la plus charmante régna parmi les convives. Malheureusement les exécutants ne sortaient pas du Conservatoire ; l'émotion aidant, il leur échappait des couacs assez fréquents. Tout d'abord, monseigneur demeura impassible ; cependant, à la longue, les grimaces de Lola Montès, sa voisine de droite, ses contorsions à chaque note un peu douteuse, finirent par l'impatienter. Comme c'était un galant homme, il ne dit rien ; mais, le chœur des gamins ayant, par malheur, entonné l'Hymne national de la principauté, l'autre, de plus en plus agacée, se leva précipitamment, se boucha les oreilles et cria :

— Fi donc ! Fi donc ! C'est horrible. Chassez cette canaille ! (sic).

Pour le coup, elle avait dépassé la mesure. Bondir sur son siège, quitter la table, enjoindre un peu vivement aux musiciens et aux chanteurs de vider les lieux, saisir Lola par le poignet et l'obliger à se rasseoir, le prince fit tout cela en un clin d'œil. Avait-il, peut-être, serré trop fort ou son geste avait-il été mal interprété ? On ne sait. Toujours est-il qu'il y eut alors un moment pénible. « Les yeux de la belle étrangère lancèrent des éclairs et, de la main restée libre, elle embrassa le manche du poignard dont elle ne se séparait jamais. Cependant, elle se calma aussitôt, s'inclina en souriant et reprit sa place à table. »

Tout paraissait oublié, lorsque la fatalité voulut qu'un des jeunes chanteurs, moins empressé que ses camarades à exécuter les ordres du prince ou tout simplement pour ménager le fond de sa culotte des dimanches et jours fériés, descendit sans hâte de l'arbre sur lequel il était posté. A cette vue, Lola, qui avait repris tout son aplomb, excita contre lui Turc, le bon chien, suivant son habitude, couché à ses pieds. Celui-ci ne se fit pas répéter l'invitation et attaqua, par le fond si ménagé, le gamin qui se mit à pousser des hurlements épouvantables. Monseigneur, très émotionné, courut dégager l'enfant et, quand l'autre fut en sûreté, revint auprès de sa voisine, ajoutant avec un accent de sévérité qui étonna l'assistance :

— Que cela ne vous arrive plus, madame ! Ici, moi je suis le maître (sic).

— Et moi la maîtresse, fit-elle en ricanant.

Il y avait là de quoi lasser la patience d'un simple mortel, à plus forte raison celle d'un souverain. En conséquence, le départ de Lola fut décidé séance tenante, et le père de l'auteur, chargé de l'assurer. Lorsqu'il lui notifia ses ordres : « Son Altesse désire que madame quitte encore aujourd'hui ses Etats », elle réédita le mot que l'on attribue à Voltaire et lui riposta gaiement : « Je n'aurai pas grand chemin à faire pour cela. »

Histoire de reconnaître les bons offices que M. Krészner père lui avait rendus en la circonstance, elle lui fit hommage d'une paire de castagnettes.

— Cela vous rappellera mon séjour dans votre bout d'Etat », dit-elle en les lui remettant.

Le départ de Greitz fut moins brillant que n'avait été l'arrivée. Pas de piqueur, pas de voiture à la daumont, pas de relais, une simple calèche traînée par de vulgaires chevaux de poste.

Emmenée directement à Leipzig, Lola fut ensuite dirigée sur Dresde, munie d'une lettre pour Reissiger, le chef d'orchestre du théâtre royal. Mais cette recommandation ne lui servit à rien, car elle repartit, de là, pour Munich où l'attendaient de plus hautes destinées.

Voilà donc un nouveau point d'histoire élucidé.

UN SOUVENIR DU 21 MARS 1848

LA RÉVOLUTION A BERLIN

Le prince Guillaume de Prusse, le futur empereur d'Allemagne, très impopulaire à Berlin pour des raisons connues, dut s'enfuir de cette ville au moment où la révolution y éclata, en 1848.

Il existe au sujet de cette fuite un récit qui n'a jamais eu les honneurs de la publicité en France et qui est dû à la fille du jardinier de la *Pfauen-Insel* (île des Paons, située au nord-est de Potsdam, et dans laquelle se trouve un château royal). Cette personne raconte ce qui suit :

Le contre-coup de la révolution de Paris s'était violemment fait sentir à Berlin. Après une lutte de quatre jours, le roi s'était vu contraint de céder à l'insurrection, de proclamer un armistice et de prendre pour ministre Camphausen, le chef de l'opposition libérale.

Or, le 18 mars, j'étais allée à Potsdam avec mes sœurs. Nous devions prendre une leçon de danse, mais notre maître nous renvoya en nous disant que la révolution avait éclaté à Berlin.

Lorsque nous entrâmes à la maison, notre mère, une femme très prudente et éclairée, nous dit : « Mes enfants, il faut tout de suite prendre nos dispositions pour recevoir des hôtes. Le dévouement de notre famille est connu depuis longtemps. Vous pouvez être assurées que le roi viendra se réfugier chez nous, s'il est obligé de quitter Berlin. »

Aussitôt nous nous mîmes en devoir d'aérer et de nettoyer les chambres. Dès le lendemain nous allâmes chercher en ville toutes sortes de provisions, notamment du poisson et de la viande.

Dans la nuit du 20 au 21 mars, à trois heures moins dix minutes, j'entends ma sœur qui dit :

— Je ne puis pas sortir, je ne suis pas habillée.

— Il s'agit de sauver un homme, lui répond une voix du dehors.

Je saute vivement à bas de mon lit, j'ouvre la porte de la maison et me trouve vis-à-vis d'une personne en laquelle je reconnais aussitôt la princesse royale (la future impératrice Augusta). Au même instant mon père accourt ; elle lui tend les deux mains et lui dit :

— Je vous amène ce que j'ai de plus cher. Le prince sera-t-il en sûreté chez vous ?

Mon père ayant juré qu'il se ferait tuer pour ses maîtres, la princesse l'emmène jusqu'au débarcadère devant lequel une barque était arrêtée. Il faisait un superbe clair de lune ; je reconnais tout de suite le prince à sa haute taille et à son manteau gris. Une foule de personnes le suivent et l'on extrait du bateau une infinité de malles et de paquets.

Au même instant, le passeur, réveillé par tout ce bruit, accourt. Le prince lui fait jurer de ne rien révéler de ce qu'il a vu, puis nous entrons chez nous avec les personnes dont voici les noms : le prince, la princesse, la comtesse Oriolla, Mlle de Neindorf et Krug, le valet de chambre du prince. Deux officiers et deux artilleurs, de Spandau, furent logés au château.

Le prince occupa la chambre de mon père ; il était si fatigué qu'il s'endormit presque immédiatement sur le canapé. Les dames se tinrent pendant toute la journée dans notre chambre. La nuit suivante la princesse coucha dans la chambre de mes parents, avec la comtesse Oriolla, et Mlle de Neindorf dans le cabinet attenant. L'antichambre était remplie de malles et de valises. Quant à la barque, on l'avait coulée. Elle ne fut repêchée que bien longtemps après ces événements.

Le service fut organisé militairement. Chaque matin le prince donnait le mot à mon père. Ceux qui voulaient être admis devaient connaître ce mot et, en même temps, remettre une carte à l'adresse de *M. von Œlrichs* (1). En apparence, notre genre de vie ne subit aucune modification, le prince ayant interdit formellement d'envoyer aux provisions en ville.

Le premier jour, de grand matin, l'un des officiers d'artillerie avait voulu se placer en travers de la porte, le pistolet au poing. Ma mère l'avait

(1) Le prince Guillaume avait quitté Berlin sous le nom de Lehmann, qui devint par la suite son surnom.

détourné de ce projet, lui faisant remarquer avec beaucoup de justesse que les seuls visiteurs que nous eussions étaient des gens qui venaient acheter du lait.

Détail particulier : le 21 mars était le jour anniversaire de la naissance du prince. Le valet de chambre Krug se décida le premier à féliciter son maître. La comtesse Oriolla pria ma mère de lui prêter une robe claire, ne voulant pas se présenter en noir, ce jour-là. Le prince Frédéric (le futur empereur Frédéric III) et la princesse Louise (la grande-duchesse actuelle de Bade) étaient venus avec une foule de personnages qui m'étaient inconnus.

Le matin, quand j'entrai dans la chambre pour donner un coup d'œil au ménage et voir si le feu marchait, j'aperçus la princesse royale en vêtement de damas bleu clair assise sur le canapé et versant d'abondantes larmes. (Du reste, elle n'a fait que pleurer pendant ces deux jours.) La comtesse Oriolla lui passait à chaque instant un nouveau mouchoir.

Le prince Frédéric se tenait appuyé à la table ronde, la tête enfouie dans ses mains. La princesse Louise, qui avait une robe en popeline rouge à carreaux, était sur notre tabouret de piano.

Quelque temps après je reviens et trouve sur la porte le prince Charles (frère du prince Guillaume) dans un costume incroyablement râpé.

— Mademoiselle, me dit-il, j'ai grand'faim, ne pourriez-vous me donner à manger?

Le malheureux était venu à pied du château de Glienicke. Après s'être rassasié, il entra dans la chambre de son frère.

Le dîner, ce jour-là, se composa de :

Soupe aux pommes de terre — Anguille — Rôti de veau — Pudding avec sauce aux fruits.

Grâce à ma mère, nos hôtes ne manquèrent de rien, même ils trouvèrent le menu tellement à leur goût que, plus tard, la princesse, une fois installée à Babelsberg, lui fit demander la recette de ce pudding.

Il fut décidé que le prince partirait le 23 pour l'Angleterre (dans la voiture de mon père et avec nos chevaux jusqu'à Nauen et de là jusqu'à Hambourg par la poste).

Le départ eut lieu à la date indiquée. La lune brillait d'un vif éclat lorsque le prince se mit en route. Leurs Altesses montèrent dans le canot qui devait les transporter sur l'autre rive de la Havel ; pendant le trajet, la princesse ne faisait que sangloter. Enfin, le moment de la séparation vint, le prince partit pour l'Angleterre et sa femme alla s'installer à Babelsberg, où elle passa l'été sans désagrément aucun.

Nos illustres hôtes ne furent pas ingrats envers mon père.

Le 18 octobre de la même année, le prince écrivit à mon père une lettre de remerciements et lui envoya son buste en bronze. Plus tard, lorsque l'heure de la retraite sonna pour lui, le roi lui fit dire qu'il toucherait sa vie durant ses appointements d'activité et qu'il pourrait se loger dans le château royal qu'il choisirait.

LES SCRUPULES DU GÉNÉRAL DE STROTHA

OU LE MINISTRE MALGRÉ LUI

La formation d'un nouveau cabinet occasionne en bien des pays de nombreux soucis au chef de l'Etat. La Prusse fait exception à cette règle, parce que le roi ne s'amuse pas à discuter avec les personnages sur lesquels il a jeté son dévolu. Il se borne à leur notifier ses volontés par une lettre autographe et, en sujets disciplinés, les élus, après avoir formulé discrètement et sans grande conviction les excuses de rigueur, s'inclinent en disant « par obéissance »; grâce à quoi, sans perte de temps appréciable — comme après avoir relayé — le char de l'Etat reprend sa course, guidé par d'autres postillons. Aussi, presque toujours, apprend-on simultanément la retraite de M. X... et son remplacement par M. Y...

De pareils changements à vue donnent lieu parfois à des scènes très amusantes, et l'on peut citer, comme une des plus réussies, la comédie à deux personnages qui précéda l'entrée du général de Strotha au ministère de la guerre.

C'était en 1848, le roi Frédéric-Guillaume IV venait de renvoyer le ministère Pfuel et avait chargé le comte de Brandebourg (son oncle morganatique) de former un nouveau cabinet.

Le général de Strotha, un artilleur savant et modeste, commandait la garnison fédérale de Francfort-sur-le-Mein, quand, un beau matin de novembre, un télégramme venu de Berlin lui enjoignit de se présenter le lendemain, à la première heure, chez le comte de Brandebourg. Ignorant ce qu'on lui voulait, il endossa une tenue propre, monta dans le train et fut au rendez-vous, très curieux d'apprendre les raisons pour lesquelles on l'avait convoqué.

— Vous ignorez, peut-être, pourquoi je vous ai fait venir, Excellence? lui demanda en souriant le comte de Brandebourg.

— J'allais le demander à Votre Excellence.

— Sa Majesté vous prie d'accepter le portefeuille de la guerre.

— Moi! s'écria l'autre qui n'en revenait pas.

— Oui, vous.

— Mais, pour l'amour de Dieu, que pense donc Votre Excellence? Je ne possède aucune des qualités requises pour faire un ministre de la guerre et me vois obligé de décliner vos offres.

— Inutile de regimber, déclara M. de Brandebourg en lui remettant un pli. Voici une lettre de Sa Majesté, à vous adressée et vous signifiant son désir de vous voir prendre le portefeuille de la guerre.

Après avoir décacheté le pli, le général soupira et dit :

— Puisque c'est le désir du roi, je ne puis faire autrement que d'obéir.

— Vous voyez bien que j'avais raison, mon cher collègue. A propos, j'allais oublier l'essentiel. Il faut que vous vous présentiez à la Chambre, ce matin, à dix heures.

— Jamais de la vie !

— Inutile de protester, mon cher collègue. Voici une deuxième lettre de Sa Majesté, qui vous prie expressément de représenter le ministère de la guerre à la Chambre.

— Dame, si le roi le désire, je n'ai plus qu'à m'incliner, dit le nouveau ministre, en étouffant un deuxième soupir et en faisant mine de se retirer.

— N'allez pas si vite, mon cher collègue, j'ai encore à vous parler. Vous n'ignorez pas, je suppose, que, d'après les ordres de Sa Majesté, le ministre de la guerre assiste en bourgeois aux séances de la Chambre.

A ces mots, le général demeura stupide.

— En bourgeois ! balbutia-t-il. Mais... c'est que je n'ai pas le moindre vêtement civil.

— Dans ce cas, mon cher collègue, il faut vous procurer un costume avant dix heures. Les ordres du roi sont formels à cet égard, ajouta le comte de Brandebourg en haussant les épaules.

— Je n'ai donc pas d'autre ressource que de m'y conformer, répondit le général de plus en plus embarrassé.

Comme les magasins de confection pour hommes n'existaient pas encore en ce temps-là, M. de Strotha prit une voiture, se fit conduire *zum*

Mühlendamm — le Temple de Berlin — et, au coup sonnant de dix heures, parut à la Chambre. Dès les premiers pas, il fut salué d'un éclat de rire, messieurs les représentants ignorant que cet homme, au col d'une hauteur extravagante et aux manches démesurément longues, fût S. Exc. le nouveau ministre de la guerre.

Très peu de temps après la chute du ministère dont il avait fait partie, le général, qui avait eu le temps de s'habituer au port des vêtements civils, prit sa retraite (1854) et consacra ses loisirs à des travaux scientifiques.

ERCKMANN-CHATRIAN
ET LE « JUIF POLONAIS »

Erckmann et Chatrian, les deux conteurs alsaciens, ont emprunté les sujets de quelques-unes de leurs œuvres à des légendes ou traditions locales, à des récits de ces *kunkelstuben* (veillées), si pittoresques, tuées par l'industrie moderne et la substitution du pétrole indigène au conteux luminaire d'autrefois, ou à des *gibernades* de vétérans qui avaient pris part aux guerres de la Révolution et de l'Empire.

Cependant, certains de leurs contes populaires ont pour théâtre la région voisine de l'Alsace, le Palatinat, dont les habitants ont de multiples affinités (et liens de parenté) avec les Alsaciens.

Et c'est ainsi que le *Juif polonais* a été inspiré certainement aux deux auteurs par une tradition du pays de Neustadt. La chose s'explique tout naturellement. Erckmann allait chaque année passer quelques semaines à Bergzabern, chez des parents. C'est chez eux qu'il a entendu raconter l'histoire du crime de Mussbach, et c'est elle qui lui a fourni l'idée première du drame.

L'on retrouve, en effet, dans la *Chronik von Neustadt* et dans les *Pfälzische Geschichten* d'Ed. Jost, le vieux poète bavarois disparu ces jours derniers, un crime de Mussbach qui se rapproche singulièrement de celui commis par l'aubergiste Mathis. Il est d'ailleurs facile de s'en rendre compte par le résumé que voici :

Au château de Winzingen — dont les restes sont aujourd'hui connus sous le nom de Haardter Schloss — il y avait, en l'an 1580, une jeune camériste réputée pour ses vertus et sa beauté, qui était promise à un jeune homme dont le père tenait à l'époque, sur la route de Mussbach à Deidesheim, ce que l'on appelait une « gutleuthaus », en d'autres termes : une auberge payante pour les gens à leur aise et un asile gratuit pour les miséreux et les compagnons ouvriers.

Ce cabaretier, très gêné dans les débuts, n'avait point tardé à voir prospérer ses affaires. Bien que sa femme ni lui-même ne fussent d'un commerce agréable ou d'un abord sympathique, jamais il n'avait été question d'eux ni de leur fortune rapide. Tout au plus quelques bonnes langues avaient-elles manifesté leur étonnement le jour où la rumeur publique avait annoncé les fiançailles de leur unique héritier avec la petite camériste, fille d'un exempt du margrave de Durlach. Mais, purement locale, cette émotion n'avait pas duré.

Un soir, peu de jours avant la fête patronale de Mussbach, en l'an de grâce 1580, Mathilde Steigele avait fait dire à son prétendu qu'elle l'attendrait à la nuit sous le porche de l'église. Paul Engelhardt

— c'était le nom de son fiancé — n'étant pas venu, la jeune fille, agitée par de sombres pressentiments, avait quitté son poste d'observation et s'était dirigée du côté de l'auberge. Une heure auparavant, deux hommes s'étaient arrêtés à la porte de celle-ci ; l'un, après avoir donné quelques explications à son compagnon, avait continué sa route, l'autre avait franchi le seuil et pénétré dans la grande salle commune, où il avait pris place au bas bout d'une table.

Ce vieillard aux cheveux blancs, aux vêtements élimés, portait le chapeau d'une forme caractéristique imposé aux Juifs en ce temps-là.

L'aubergiste s'était approché de lui et après l'avoir dévisagé d'un coup d'œil, avait constaté que le *serpent* enroulé autour de sa taille était bourré gent d'ar

— Que désirez-vous ? demanda-t-il ensuite au vieillard.

— Une chopine de bon vin et un lit.

— Vous aurez l'un et l'autre, fit Engelhardt en lui lançant un regard singulier. L'autre, une fois servi, tira de sa poche un petit paquet renfermant deux œufs durs et un livre imprimé en caractères hébreux, puis, se tournant vers l'Orient, il en lut à mi-voix quelques pages, après quoi il se mit en devoir de manger. Son modeste repas achevé, il resta, *sans parler à personne, comme un homme triste et pensant à ses affaires.*

Comme neuf heures sonnaient à l'horloge de Mussbach, Engelhardt avait fait évacuer la salle de son auberge et conduit ses hôtes à leurs chambres respectives.

Mathilde Steigele, ne voyant pas venir son prétendu, était allée au-devant de lui, puis, de guerre lasse, avait fini par entrer dans la cour de l'auberge, où les lumières étaient éteintes, et s'était dirigée, malgré les pressentiments sinistres qui l'agitaient, vers l'habitation particulière des Engelhardt.

Chemin faisant elle aperçut comme une vague lueur au fond de la cave, et, en même temps, elle entendit la voix du père Engelhardt qui appelait son fils :

— Viens donc, Paul. Le vieux juif est f... Je lui ai coupé la gorge. Cours vite chercher une pioche et une pelle, que nous l'enterrions dans la cave. Le gaillard avait plus de 1.000 florins dans sa ceinture ! J'espère que tu n'arriveras pas les mains vides, le jour où tu épouseras la petite Souabe du château.

Prête à défaillir, Mathilde Steigele rassembla toutes ses forces, courut au *burg* de Winzingen et, en y arrivant, tomba évanouie, ce qui ne manqua pas d'émotionner profondément les habitants de cette demeure paisible.

Une fois revenue à elle et en état de parler, elle raconta ce qu'elle avait entendu. Aussitôt un serviteur du château fut expédié à Neustadt prévenir la justice, et la nuit même, des magistrats, escortés de deux *amtsreiter* (gens de la maréchaussée, gendarmes) et de quelques personnes déterminées, firent une descente à la *Gutleuthaus* et trouvèrent effectivement dans un angle de la cave, enterré à trois pieds de profondeur, le corps du vieillard assassiné la veille. Poursuivant leurs recherches, ils mirent encore à jour deux autres squelettes humains.

A la suite de ceci, le vieil Engelhardt fut condamné à être pendu. Quant à son fils, dont la culpabilité ne put être nettement déterminée, il fut mis en prison à perpétuité.

La *Gutleuthaus* de Mussbach, à dater de là, ne fit plus que végéter. Elle disparut au début de la guerre de Trente Ans.

Telle est en peu de mots l'histoire du *Crime de Mussbach*, laquelle, certainement, ressemble en bien des points à celle du *Juif polonais*.

LA BATAILLE D'IÉNA

RACONTÉE PAR LE GRAND-DUC HÉRITIER DE BADE

14 octobre 1806

Le grand-duc héritier de Bade, le mari de la princesse Stéphanie de Bade, qui a pris part à la campagne de 1806 dans les rangs français, a laissé un récit très curieux de la bataille d'Iéna. Le voici textuellement :

« Le jour commençait à paraître et un épais brouillard se levait.

Alors l'Empereur cria : « Aux armes ! »

Aussitôt des cris de joie éclatèrent de toutes parts et en un clin d'œil la garde fut rassemblée.

Elle se forma sur trois lignes : la première était composée de deux régiments de chasseurs à pied ; la deuxième, de deux régiments de grenadiers et la troisième, d'un régiment de dragons d'élite à pied.

La garde ne disposait que d'une batterie légère, l'autre était détachée auprès de Lannes.

Plus en arrière le 1er hussards et les régiments

de cavalerie du 5ᵉ corps (Lannes), qui étaient restés pendant la nuit dans la vallée, se déployèrent et se portèrent successivement en avant.

L'Empereur se porta au galop du côté de Lannes, dont le corps d'armée l'accueillit avec d'unanimes « Vive l'Empereur ! »

Comme on ne disposait que d'un espace restreint, ce corps était formé, par régiment, en colonnes de demi-bataillons serrées et à intervalle de déploiement ; les régiments étaient placés à intervalles de demi-front de bataillon.

Pendant que ceci avait lieu sur le Landgrafenberg, le corps de Soult qui, pendant la nuit, avait franchi la Saale, à Lobeda et qui était resté, en attendant le jour, entre cette localité et Iéna, traversait la ville et contournait le Landgrafenberg par la route de Naumburg.

Le corps de Ney arrivait de Roda, mais la plupart de ses régiments se trouvaient encore à plusieurs lieues en arrière. Quant à Augereau, il avait passé la nuit dans la vallée du Mühlthal, face au Landgrafenberg, par conséquent sur les derrières de la garde.

Les hauteurs occupées par les Prussiens ne pouvant être attaquées de front, le corps d'Augereau s'étendit vers l'aile gauche de la garde, par le défilé de Cospeda, que l'ennemi avait eu l'incroyable négligence de ne pas garder.

La réserve de cavalerie se trouvait encore à cinq lieues d'Iéna. On n'avait pas de nouvelles de Bernadotte, Davout et Murat. Ce dernier accourut auprès de l'Empereur dès le commencement de la bataille ; il avait laissé la cavalerie légère sur la route de Naumburg.

Malgré le peu de monde que l'on avait sous la main, il s'agissait de ne point perdre une minute, et de prévenir les Prussiens.

Aussi l'Empereur donna-t-il au corps de Lannes l'ordre d'attaquer immédiatement.

L'arme au bras, tranquillement et dans le plus grand ordre, ces troupes descendirent les pentes et aussitôt la garde vint garnir la crête.

Nous eûmes alors quelques minutes d'anxiété. Un silence profond régnait partout.

De la vallée montaient quelques sourds coups de cloche.

Les troupes avaient disparu dans un brouillard si épais que l'on avait peine à distinguer les feux des Prussiens. Au-dessus des hauteurs situées à l'est, le disque solaire, d'un rouge sanglant, commençait à émerger de cette mer de brouillard, et au même instant, dans le fond de la vallée, cinq maisons d'Iéna brûlaient.

Quelques coups de canon et de fusil tirés dans la direction de l'ouest annoncèrent le commencement de la bataille. Puis il y eut un court silence et aussitôt après le feu s'ouvrit sur toute la ligne.

Les Prussiens, qui exécutaient des salves de peloton, passèrent bientôt aux feux de bataillon. Chez les Français au contraire ce n'étaient que de terribles feux de file. Napoléon retourna tranquillement auprès de sa garde sur le Landgrafenberg et mit pied à terre.

Il fut accueilli par des cris de joie; en même temps on entendit plusieurs soldats qui disaient:

— *En avant!*

Avec son calme habituel, mais avec une nuance d'ironie dans le ton, l'Empereur dit:

— *Qui est ça? Je te ferai général. Je parie* — ajouta-t-il en souriant — *que celui-là n'a pas encore de barbe* (sic).

Tout le monde garda le silence, mais beaucoup riaient. Sur ces entrefaites on avait apporté d'Iéna un copieux déjeuner auquel Napoléon et son entourage firent largement honneur.

De la bataille, on ne voyait rien; la fusillade était violente et plusieurs boulets prussiens passèrent au-dessus de nos têtes.

Après avoir déjeuné, l'Empereur monta à cheval et se rendit au plus fort de la lutte, pour ainsi dire sans aucune suite.

Après avoir pris connaissance de la marche du combat, il revint sur le Landgrafenberg, porta la garde un peu plus en avant, fit déboîter à gauche le régiment de dragons à pied et l'envoya sur la gauche de Lannes donner l'assaut à la position prussienne. Quelques paroles énergiques et encourageantes adressées aux dragons provoquèrent un grand enthousiasme chez eux.

A l'instant où ils s'ébranlaient, le maréchal Lannes fit battre la charge sur toute la ligne.

On entendit encore deux ou trois salves de bataillon, suivies de feux irréguliers, puis ce bruit s'affaiblit et s'éloigna.

L'Empereur se porta alors au galop sur la position enlevée aux Prussiens. La garde le suivit rapidement en colonne à demi-distance. L'emplacement occupé par l'ennemi était jonché de morts et de blessés; les Prussiens y étaient en beaucoup plus grand nombre que les Français. Ceci tendrait à prouver que nos feux de file étaient plus efficaces que les salves de bataillon. C'étaient des Prussiens et des Saxons qui avaient défendu cette position.

Le brouillard était toujours aussi opaque et nous ne pouvions rien voir de ce qui se passait sur notre droite.

Le corps du maréchal Soult continuait d'être arrêté par les énergiques défenseurs des bois de Ziwetzen. Le feu acquit soudain une telle intensité que la garde fut obligée de se déployer à droite, face à Rödchen. Enfin la résistance des troupes du général von Holtzendorff fut brisée ; elles durent se retirer dans le fond de Nerwitz. Le vieux général prussien von Sanitz, qui était tombé de cheval, fut fait prisonnier là, et amené devant l'Empereur.

Cependant le feu devenait de plus en plus violent sur notre front. Quelques régiments, qui s'étaient lancés à la poursuite de l'ennemi pour savoir si nous avions devant nous l'armée tout entière ou son arrière-garde seulement, nous parurent de nouveau très vivement engagés.

Subitement le brouillard disparut et nous vîmes apparaître, comme sortant de derrière un rideau, l'armée prussienne. Elle formait un arc de cercle concave entre les routes de Weimar à Iéna et à Dornburg.

Sa droite s'appuyait au fond de Schwabhausen, sa gauche s'étendait jusque vers Hermstädt, Steden et Stobra. Une nombreuse cavalerie formait la deuxième ligne. De fortes batteries se trouvaient aux ailes et au centre.

Du côté français, un tiers environ du corps d'Augereau se déployait à ce moment vers la gauche. Le maréchal Ney n'avait encore pu amener que

3.000 hommes sur le champ de bataille. Lannes était le plus avancé et se trouvait assez éloigné d'Augereau (à gauche) et de Soult (à droite). Celui-ci ne débouchait toujours pas du fond de Nerwitz. La garde était placée en colonne sur une hauteur, en arrière de l'aile gauche de Lannes. Le peu de cavalerie légère que l'on avait, intervenait là où il fallait, par petites fractions. Bien qu'il disposât de peu de monde, l'Empereur n'hésita pas à donner le signal de l'attaque générale.

Les braves régiments de l'avant-garde avaient poussé trop loin. Ils avaient déjà enlevé Krippendorf et Vierzehnheiligen et avaient chassé les Prussiens de la forêt d'Isserstaedt. Mais l'ennemi dirigea alors une attaque sur Vierzehnheiligen. Comme il s'avançait lentement et avec hésitation, nos régiments se replièrent sans hâte, mais conservèrent ce village.

Le maréchal Ney courut aussi un gros danger. A la tête de deux régiments de dragons, il avait chargé la cavalerie prussienne; tout à coup il tomba sur une masse d'infanterie qui l'accueillit par une grêle de balles. Obligé de se replier, il fut poursuivi par la cavalerie prussienne qui manqua de bousculer un bataillon français déployé en tirailleurs.

Mais le maréchal forma aussitôt ce bataillon en carré et repoussa l'ennemi, puis, se remettant à la tête de ses dragons, il chargea et défit un régiment de cuirassiers. On ne pouvait songer à faire revenir sur leurs pas ces braves troupes; il n'y avait donc plus un instant à perdre pour les soutenir.

Lannes et Augereau se portèrent en avant sur une seule ligne, très mince et avec de grands intervalles, bouchés, suivant que le terrain le permettait, par les régiments de cavalerie légère. Les quelques batteries légères dont on disposait faisaient un feu enragé.

Dans l'intervalle Soult avait refoulé jusqu'à Stobra le détachement de Holtzendorff et avait reçu l'ordre de s'avancer contre la gauche de la position principale des Prussiens.

Une partie du corps de Ney et de la cavalerie de réserve commençait à se déployer en arrière, vers Lützerode et Closwitz.

L'ennemi, toujours indécis, paraissait concentrer ses troupes vers notre aile gauche ; mais sa droite, qui était bien plus forte que celle-ci, restait immobile et se contentait de nous canonner. Quant à la cavalerie prussienne, on aurait dit qu'elle était bien plutôt pour assister au combat que pour y prendre part.

L'Empereur, trouvant que le centre prêtait le flanc, lui fit exécuter un huitième de conversion à gauche ; à ce moment la garde déboucha de la hauteur au pas accéléré et se forma sur trois lignes en face de la gauche ennemie. Jamais de grandes évolutions ne furent exécutées sur un champ de bataille avec plus d'ordre et de précision.

La garde se trouva longtemps seule, loin de toute troupe qui pût la soutenir. La cavalerie prussienne aurait facilement pu la détruire, si elle l'avait voulu. Mais elle ne sut point tirer parti de la situation et quand elle descendit lentement les pentes et se rapprocha du village de Alt-Gönne, l'avant-garde de Soult déboucha sur son flanc gauche. Ce que voyant, ladite cavalerie fit vivement demi-tour et se reporta en arrière au trot.

A ce moment le corps entier de Lannes et une partie de celui d'Augereau se trouvaient de nouveau engagés à fond. L'avant-garde traversa Vierzehnheiligen au pas de charge et culbuta les Prussiens dont l'artillerie avait bien inutilement incendié ce village.

La fraction de la première ligne ennemie qui se trouvait entre celui-ci et la forêt d'Isserstaedt, commençait à plier et à se retirer en désordre. Le général Durosnel, avec le 20ᵉ chasseurs à cheval, passa dans les intervalles de l'infanterie et ramena trois cents cinquante prisonniers dont le plus grand nombre appartenaient au régiment de Hohenlohe.

Les Prussiens occupèrent une nouvelle position sur les hauteurs entre Klein-Romstädt et Isserstaedt, mais se retirèrent immédiatement après par la route de Weimar, sans attendre une nouvelle attaque des Français. Leur aile droite, qui était encore intacte, paraissait devoir se retirer la dernière.

A ce moment l'armée française offrait un coup d'œil imposant.

La brave infanterie d'Augereau, qui n'avait pas bronché un instant, se portait rapidement vers le Schneckenberg (aile droite prussienne). La garde escaladait les hauteurs de Kapellendorf et formait sur un point dominant le carré autour de l'Empereur. La majeure partie du corps de Ney, en colonne par pelotons, s'avançait vivement au centre, suivie de plusieurs régiments de la réserve de cavalerie. A droite, le maréchal Soult montait vers Kapellendorf, où le général Rüchel déployait précisément son corps d'armée. Blessé dangereusement, ce dernier assista à la défaite complète de ses troupes.

L'aile droite ennemie, dont l'infanterie légère venait d'ouvrir un feu violent sur les Français, commença à se retirer en ordre. Une nombreuse cavalerie semblait couvrir ce mouvement.

A peine Murat eut-il aperçu la cavalerie de réserve qui venait d'arriver, qu'il se mit à sa tête et se porta en avant au trot. Bientôt on vit la cavalerie ennemie fuir dans le plus grand désordre vers la route de Weimar et abandonner son infanterie. Celle-ci fit de vains efforts pour demeurer en ordre. Les bataillons oscillaient à droite et à gauche, formaient des paquets et ensuite se dispersaient. A peine quelques-uns résistèrent-ils en ligne à la cavalerie; aucun ne parvint à se former en carré.

Tout fut culbuté et chacun chercha son salut dans la fuite.

Entre une et deux heures de l'après-midi, l'ennemi était en pleine retraite et, vers cinq heures, le prince Murat et Rapp entrèrent à Weimar avec l'avant-garde.

Sur le point où se trouvait l'Empereur la scène changea complètement. On eût pris cette hauteur pour un lieu de pèlerinage, vers lequel se dirigeaient de tous côtés des processions. Des détachements amenaient ici des milliers de prisonniers, là des canons, des drapeaux et des trophées de toute espèce.

L'Empereur, à pied au milieu de sa garde, était entouré du maréchal Lefebvre, du grand-duc héritier de Bade et de plusieurs généraux. Pendant la bataille il était demeuré impassible, ne disant pas un mot qui pût trahir l'admiration, l'inquiétude ou la joie. Maintenant encore il était calme et gai.

Il s'entretint avec beaucoup d'officiers prisonniers et leur parla de la guerre; comme toujours, en pareil cas, son ton avait quelque chose d'incisif. La plupart d'entre eux ne sachant pas un mot de français, le maréchal Lefebvre lui servait d'interprète.

Celui-ci, qui parlait un mauvais patois alsacien, estropiait si bien les paroles de l'Empereur qu'on ne pouvait s'empêcher d'en rire.

La majeure partie des prisonniers étaient des Saxons, notamment des cavaliers, qui étaient fort mal arrangés. La naïveté de leurs plaintes et de leurs questions donna lieu à plus d'une scène comique. La plupart avaient encore leurs sacs; ceux qui en étaient dépourvus s'empressèrent de s'approprier ceux de leurs camarades tués.

Beaucoup d'entre eux s'imaginaient que les Français allaient les égorger.

Un gentil petit cadet de chasseurs prussiens embrassa les genoux de l'Empereur et demanda en pleurant grâce pour lui et ses camarades.

Le monarque le releva affectueusement et ordonna que l'on prît soin de lui.

D'ailleurs la simplicité du costume de l'Empereur donna lieu à des incidents très amusants. Ainsi, par exemple, un vieil officier, qui se trouvait à côté de lui, ayant bourré sa pipe avec de mauvais tabac qu'un Français lui avait donné, se mit à lui fumer sous le nez. Quand il apprit quel était son voisin, il laissa échapper son brûle-gueule et demeura un bon moment comme pétrifié.

Un autre tendait les mains vers l'Empereur et s'écriait :

— Ah ! monsieur l'Empereur, je me recommande à vous.

Pendant la bataille, Napoléon était intervenu plusieurs fois dans la conduite de l'infanterie de Lannes et d'Augereau, la faisant ployer, déployer, changer de front et ainsi de suite. Les aides de camp étaient continuellement en mouvement. Les ordres qu'ils portaient consistaient en peu de mots, ne donnant que les contours des idées du maître.

Le général Rapp, dont la bravoure extraordinaire est connue, avait été partout, et toujours au plus fort du combat.

Sans lui en dire plus, l'Empereur lui montrait un point, et ajoutait :

— *Rapp, vois un peu* (sic).

A la fin de la bataille, il lui dit :

— Rapp, poursuis-les un peu (sic).

Il écoutait tranquillement les maréchaux, les généraux, ou les officiers d'ordonnance qui venaient lui faire des rapports ; à l'occasion il leur demandait quelques explications complémentaires, mais il n'exprimait que très rarement son opinion. Ces officiers le suivaient en silence, attendant qu'il leur donnât des ordres en peu de mots, puis ils repartaient ventre à terre.

Il galopait à droite et à gauche, se portant sur les points d'où il pouvait le mieux embrasser la situation, puis il examinait silencieusement avec l'aide de sa petite lunette. On l'entendait bien rarement exprimer un éloge ou un blâme. Il ne parlait que rarement aux troupes. On se traitait en vieilles connaissances, en gens sachant pouvoir compter les uns sur les autres.

Voyant quelques bataillons qui paraissaient en danger, il leur envoya dire de se former en carré et d'attaquer la cavalerie qui les menaçait. Assurément c'était le plus beau compliment qu'un général pût adresser à son infanterie.

On ne peut décrire l'enthousiasme des troupes à sa vue pendant la bataille. Dès qu'il paraissait, de nombreux « Vive l'empereur ! » le saluaient et les soldats mettaient leurs shakos au bout des baïonnettes.

Le corps du maréchal Davout se couvrit de gloire ce jour-là. Il se composait de trois divisions avec vingt-cinq mille hommes à peine, dix escadrons de cavalerie et une artillerie insuffisante en nombre.

Le corps avait enlevé le défilé de Kösen avant l'arrivée des Prussiens ; il se heurta, le 14 au matin, à leur armée principale, qui se préparait à marcher d'Auerstaedt sur Fribourg et à passer l'Unstrut sur ce dernier point. Après trois attaques infructueuses, elle se vit forcée de battre en retraite sur Weimar, mais sans être poursuivie sérieusement, par suite du manque de cavalerie.

L'apparition du corps de Bernadotte, qui s'était avancé sans coup férir jusqu'à Dornburg, obligea l'ennemi à diriger sa retraite sur Sömmerda.

L'infanterie de Davout était formée en carrés ouverts. Bien que décimée par le feu ennemi, elle résista victorieusement à la cavalerie qui ne put jamais arriver jusqu'à elle. Seul le 85e d'infanterie, mis en désordre à la suite d'une attaque manquée, fut très malmené par la cavalerie prussienne. Il perdit là plus de mille hommes.

Jamais une charge ne parvint à plus de vingt pas des carrés français.

Le brave corps d'armée de Davout avait perdu presque le quart de son effectif.

Presque tous les officiers d'ordonnance du maréchal étaient hors de combat. Lui-même avait reçu plusieurs balles dans son habit et son chapeau.

Vers le soir, l'Empereur retourna avec le grand-duc héritier et la garde à Iéna. La ville était bondée de blessés et flambait encore sur divers points.

NAPOLÉON ET LA PRUSSE EN 1806 ET 1807

LES PRUSSIENS APRÈS IÉNA. — LES FRANÇAIS A BERLIN

On a retrouvé en Allemagne des cahiers de notes laissés par le comte François-Gabriel de Bray et qui renferment quantité de détails fort curieux sur la période de 1806 à 1807.

Né en 1765 à Rouen, il prit part dans sa jeunesse, comme chevalier de Malte, à une expédition contre Alger. La carrière militaire n'ayant point eu l'heur de lui plaire, il l'abandonna et entra dans la diplomatie. Au moment de la Révolution, il était attaché à la légation française près de la Diète de Ratisbonne. Ayant perdu cet emploi, il entra d'abord au service de l'ordre de Malte, puis à celui de la Bavière. Après avoir été chargé, en 1799, d'une mission extraordinaire à Saint-Pétersbourg, où il demeura plusieurs mois, il reprit ses fonctions à Munich. En 1803, au cours d'un voyage qui l'avait conduit à Amiens, il fit la connaissance du premier consul. Très peu de temps après, envoyé à Berlin en qualité de ministre plénipotentiaire bavarois, il y demeura jusqu'au printemps de 1807 et prit une part très active aux négociations qui précédèrent et suivirent la campagne de Prusse. Dans son journal, qui va du 11 octobre au 13 novembre 1806, il a consigné une masse de faits curieux, dont certains n'étaient pas connus jusqu'à ce jour.

Rien n'est plus navrant que le tableau de Berlin au mois d'octobre 1806, que la description de l'abattement auquel était en proie la population de cette ville si exaltée au début de la guerre.

A l'époque où les premières difficultés avaient surgi entre Napoléon Ier et la Prusse, M. de Bray, soucieux de conserver son équilibre moral entre deux partis également surexcités (M. de Montgelas d'une part, le gouvernement prussien de l'autre) et préoccupé de sauvegarder avant tout les intérêts de la Bavière, avait observé une ligne de conduite prudente. Ceci lui avait d'ailleurs valu, de la part de la reine Louise, une forte égratignure. (Voir *Lettres et Mémoires*, page 301.)

Plus tard, lorsque le sort des armes se fut prononcé nettement en faveur des armes françaises, il ne modifia guère sa façon de penser. Quoique enchanté dans son for intérieur des succès remportés par l'armée de son pays d'origine, il ne se départit à aucun moment du ton modéré dont il avait usé au début de son Journal.

Mais laissons-lui la parole.

18 octobre. — La comtesse de Voss (dame d'honneur de la reine Louise) est encore à Berlin. Elle assure que la reine a supporté avec beaucoup de courage la déplorable nouvelle qu'elle n'a apprise qu'ici. Au surplus, aucun rapport écrit et circonstancié n'est parvenu à Berlin. Le major Dorville (d'Orville) s'est contredit en plusieurs endroits de son rapport, tant il avait la tête bouleversée. Seulement on sait que l'armée, attaquant en colonnes, n'a pas eu le temps de se déployer et que le régiment de cavalerie de la reine a été abîmé par l'artillerie française qui a également criblé l'artillerie volante prussienne. Le seul bulletin que le gouvernement ait donné au public est le suivant : « Le roi a perdu une bataille. La tranquillité et le calme, voilà les devoirs du citoyen dans de telles circonstances. Le roi et les princes sont en vie. » (Le texte vrai de la proclamation de Schulenburg est celui-ci : *Der Kœnig hat eine Bataille verloren. Ruhe ist jetzt Bürgerpflicht. Ich bitte darum.*)

De tels bulletins sont plus propres à troubler qu'à calmer. Quelle est donc cette manière de traiter un public qui se dit philosophe et patriote ! Il ne sait rien, il n'apprend rien et des centaines de bourgeois passent leur journée à la porte du comte de Schulenburg, sans bouger ou presque faire le moindre bruit. Cependant, ils tiennent tout bas des propos de forcenés, parlant de se défendre, de tuer l'empereur Napoléon — un enthousiasme qui ne sert à rien — et il faut rendre au comte de Schulenburg la justice de dire qu'il cherche à ramener ces patriotes à des idées plus raisonnables.

D'ailleurs, la manière de manier l'opinion n'a pas été bien saisie ici. On a inspiré au peuple, comme à l'armée, une trop grande confiance dans leurs moyens, et presque le mépris de l'armée française. Il n'y avait pas un lieutenant qui ne se crût en état de bien battre les Français. On répétait le nom de Rosbach avec une affectation ridicule. Au lieu d'un sincère amour du bien public, on a développé une haine aveugle contre les Français ; ce qui ne fait que mener à mal en ajoutant à l'aigreur du public. Les feuilles publiques patriotiques sont mal rédigées, sans logique et avec un mauvais ton, et sont l'égout de toutes les platitudes dont s'engraissent les bourgeois dans les cabarets...

Le conseiller Lombard avait été prévenu par la police qu'on ne pouvait pas lui garantir sûreté, si le peuple venait à être excité par quelques incidents fâcheux. Il a quitté Berlin avec femme et enfants. Ainsi le même peuple qui gémit du malheur de la guerre se soulève contre ceux qui l'ont toujours déconseillée ! On accuse bêtement Lombard d'avoir vendu aux Français les plans de bataille prussiens...

Ainsi voilà le roi en Silésie, Haugwitz à Halberstadt ! On ne sait où est le centre de l'autorité, ni qui est actuellement à la tête de la direction politique ou militaire. Chacun fera de son mieux de son côté, mais il n'y a plus d'ensemble. Pour le cas où les Français arrivent à Berlin, les quatre ministres de Reck, Goldbeck, Massow et Thulmeyer resteront, les autres partiront.

20 octobre. — Les détails sur la confusion extrême qui règne à l'armée et dans tout l'Etat passent toute imagination. Berlin est totalement abandonné et ne reçoit d'ordre ni du roi ni de l'armée. La ville s'est constituée en quelque sorte en république et veille à sa propre sécurité. Le conseil d'Etat a tenu aujourd'hui sa dernière séance et s'est dissous, ne sachant plus de quoi délibérer. Il a cependant fait redoubler le cours des postes qui avait été interrompu après le départ du directeur Seegeborn, qui a abandonné son poste, comme tant d'autres.

La plupart des ministres sont à Stettin. La reine y est également. Le roi est à Custrin ; c'est là que la garnison d'ici, conduite par le comte de Schulenburg, s'est rendue.

Le ministre (*illisible*) est revenu de Magdebourg, où il est chargé de la partie des approvisionnements. Il a rapporté que toute l'armée prussienne s'y concentrait, que chaque jour il y arrivait des débris des corps dispersés, que le feld-maréchal Mœllendorf était blessé et que le prince Hohenlohe avait pris le commandement. Il se confirme que la déroute du prince Eugène, le 17, a été complète et que son corps, composé des meilleurs régiments de la Poméranie, a pris la fuite. Il a été — dit-on — surpris dans son lit, étant encore couché à huit heures et demie du matin...

D'après de Bray, l'empereur Napoléon ne semblait pas tenir en grande estime, ni considérer comme bien dangereux les vaincus d'Iéna et d'Auerstædt, puisqu'il « laissait courir les soldats prussiens prisonniers où ils voulaient. On ne se donnait pas la peine de les faire escorter en France, on se bornait à les désarmer ».

Le 22. — M. de Mœllendorff, aide de camp du prince Louis-Ferdinand, est arrivé de l'armée de Magdebourg, chargé de je ne sais quelle lettre pour le roi. Il avait un officier français prisonnier, l'unique qu'ils aient fait dans cette campagne. Encore l'avaient-ils attrapé dans une sorte de chemin creux, alors qu'il se rendait en courrier auprès du général Mortier, chargé d'ordres pour faire avancer la réserve. Malgré sa commission, M. de Mœllendorff est resté fort à son aise, ici, tout le long du jour, a été à la comédie et n'est parti que le lendemain. Voilà comment va le service !

Le 28. — De grand matin j'ai reçu une lettre du maréchal Duroc qui m'annonçait que l'empereur me verrait, ainsi que les ministres d'Espagne et de Portugal, à dix heures. J'ai aussi fait prévenir celui de Turquie. L'empereur, ce jour, a donné audience au clergé et aux cours de justice. La veille au soir, il avait mal reçu la députation de la ville et notamment le prince Hatzfeld. Lorsqu'on le lui présenta, il dit qu'il ne connaissait d'autres princes ici que les princes du sang et qu'il n'avait pas besoin de ses services.

Après son entrée au château, apercevant le comte Néale, il lui dit :

— Eh bien ! comte Néale, c'est vous qui avez voulu la guerre, vous et votre fille, la comtesse Pauline. J'ai sa lettre où elle dit que nous sommes lâches. Eh bien ! nous voici. Au surplus ce sont des piqûres de puces qui ne sauraient m'altérer. Mais votre fille est une malheureuse qui mériterait d'être rasée et conduite à Bicêtre. (La comtesse Pauline Néale, dame d'honneur de la princesse Louise, épouse du prince Radziwill, était connue comme patriote ardente et comme une grande amie du général Gneisenau.)

Aujourd'hui l'empereur a été plus doux. Il a reçu le corps diplomatique avec une sorte de gaieté. Ma dépêche rend compte de ce qu'il m'a fait l'honneur de m'adresser et de ce qu'il a dit de la politique. Au ministre turc il parla de la malheureuse influence que les femmes avaient eue ici.

— Vous faites bien de les enfermer, vous autres, dit-il.

Cette plaisanterie fut comprise de tout le monde, et l'empereur lui-même en rit...

Le soir, je vis Maret qui m'invita à rester et s'offrit à traiter avec moi les affaires politiques tant que M. de Talleyrand ne serait pas arrivé. Je n'ai jamais vu une politesse plus aimable et plus recherchée que celle de M. Maret. Il me dit que, dans l'état où la Prusse était, une entière soumission du roi était le seul parti à prendre...

Le 31. — Ce matin, le général Westenberg m'a annoncé qu'il venait de recevoir de l'empereur Napoléon l'ordre de partir pour Munich.

— J'aurais voulu attendre encore, lui dit l'empereur, pour annoncer au roi la prise du duc de Weimar; mais, d'après mon calcul, il doit être pris aujourd'hui. Allez donc et dites au roi où je vais.

Le général Dombrowski était présent; il l'a consulté sur la manière de se rendre en Pologne, sur les meilleurs et les plus courts chemins, etc., etc., et, ne se cachant pas du comte de Westenberg:

— Dites au roi de Bavière ce que vous avez entendu, dit l'empereur.

Le même jour, le baron de Gravenreuth est arrivé, il a eu une audience de l'empereur qui lui a dit sans détour :

— De cette affaire, le roi aura Bayreuth.

Déjà le roi me l'avait annoncé, et le maréchal Berthier l'avait dit à Westenberg, l'assurant que le roi de Bavière n'avait pas ici de meilleur ami que lui.

J'ai dîné avec le général Roussel, de la garde, qui

m'a dit que dans le moment il venait de recevoir l'ordre qui indiquait qu'ils ne partiraient qu'après-demain. MM. de Lucchesini et Zastrow sont encore à Charlottenbourg. Nul doute que le roi ne désire la paix à tout prix, mais il paraît que l'empereur en la faisant ne veut pas se désister de son plan sur la Russie...

La précipitation avec laquelle on a abandonné Berlin fait que quantité d'objets intéressants et précieux ont été oubliés ou laissés soit à l'arsenal soit ailleurs. On assure qu'à Charlottenbourg et à Potsdam on a découvert, parmi les chiffons de la reine, des lettres qui prouvaient sa connivence avec l'empereur de Russie pour faire la guerre à « Bonaparte » et des cartes où les mouvements projetés pour la campagne de l'année dernière étaient tracés.

L'empereur continue de traiter ce pays-ci avec beaucoup de rigueur. Chaque jour on amène des généraux et des officiers prisonniers. Les généraux de Tauenzien et Fagel (aide de camp du prince d'Orange) sont arrivés hier. Les excès dans le plat pays sont considérables ; le militaire dévaste et pille les maisons, et déjà beaucoup de denrées sont sur le point de manquer. La consommation du vin est extrême. Le cours des postes n'est point encore rétabli et beaucoup de banquiers sont dans le plus grand embarras. La situation du pays est vraiment déplorable.

Cette nuit un courrier est parti pour Munich, portant une lettre par laquelle l'empereur réclame l'envoi du reste du contingent bavarois. Le maréchal Berthier a ordonné que l'armée bavaroise fût traitée partout à l'égal de la française, déclarant que le roi de Bavière ayant abondamment nourri l'armée française et lui ayant procuré des positions sans lesquelles les plans de l'empereur n'auraient pu être exécutés, c'était à lui surtout que l'armée française devait ses succès.

M. de Talleyrand étant arrivé à Berlin le 31 octobre, M. de Bray entra aussitôt en relations avec lui. Il a laissé, des entrevues qu'il a eues avec lui, pendant une période de quinze jours, un récit des plus intéressants.

FIN

TABLE DES MATIÈRES

Avertissement de l'éditeur	v
Comment au bon vieux temps se mariaient les Prussiens	9
Une visite princière à Paris (1613)	13
Les relations de la Russie et de la Prusse à la fin du dix-septième siècle.	18
Un prince méconnu. — Une tentative de réhabilitation du roi-sergent.	23
Les fiches de M. de Manteuffel (1730-1740).	28
Comment S. A. S. le prince de Solms fut guéri de son bégaiement	37
Une désertion en masse (1757)	42
Deux maîtres espions au temps de Louis XV	52
Le colonel prussien Collignon	62
Un incident de frontière (29 décembre 1781).	69
Un soi-disant complot de la municipalité de Strasbourg contre le cardinal de Rohan (1791)	74
Les Suisses et la journée du 10 août 1792.	81
Le roman de deux grandes dames et d'une épicière de Verdun 1792.	90
A propos du « Père Sauce ». — Le coup de main de Saint-Mihiel.	97

TABLE DES MATIÈRES

Le général Ferrier et le conseil municipal de Vissembourg (5 février 1793) 104
Le cardinal Fesch et ses parents de Bâle 111
Au congrès de Rastadt (1797-1799). — Notes d'un témoin oculaire 116
L'assassinat des plénipotentiaires de Rastadt. — Une lettre inédite de l'archiduc Charles 125
La fuite de la princesse de Hohenlohe-Ingelfingen (1799). 128
Bernadotte et sa candidature au trône de Nuremberg en 1806 138
L'entrée des Français à Berlin (24 octobre 1806) racontée par un habitant de cette ville 148
Le guide du duc de Brunswick à Auerstædt (14 octobre 1806) 157
Lettres inédites de la reine Louise de Prusse 167
M. de Müller et Napoléon (notes d'un diplomate et fonctionnaire du grand-duché de Weimar (1806-1813)). 173
L'odyssée d'un prisonnier d'État wurtembergeois 186
Le petit employé de banque et le grand empereur (un épisode des Cent jours) 195
Le pavé du roi à Berlin 201
Les débuts de Lola Montès en Allemagne (1846) 207
Un souvenir du 21 mars 1848. — La révolution à Berlin. 215
Les scrupules du général de Strotha ou le ministre malgré lui 220
Erckmann-Chatrian et le « juif polonais » 224
La bataille d'Iéna racontée par le grand-duc héritier de Bade (14 octobre 1806) 229
Napoléon et la Prusse en 1806 et 1807. — Les Prussiens après Iéna. — Les Français à Berlin 242

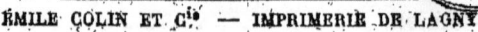

ÉMILE COLIN ET Cⁱᵉ — IMPRIMERIE DE LAGNY

AUTEURS CÉLÈBRES
à 60 centimes le volume

En jolie reliure spéciale à la collection, 1 franc le volume

Le but de la collection des *Auteurs célèbres*, à 60 *centimes* le volume, est de mettre entre toutes les mains de bonnes éditions des meilleurs écrivains modernes et contemporains.

Sous un format commode et pouvant en même temps tenir une belle place dans toute bibliothèque, il paraît chaque quinzaine un volume.

CHAQUE OUVRAGE EST COMPLET EN UN VOLUME

Nos
248.	AICARD (JEAN)	Le Pavé d'Amour.
474.	AIMARD (G.)	Le Robinson des Alpes.
403.	AJALBERT (JEAN)	En amour.
204.	ALARCON (A. DE)	Un Tricorne.
382.	—	Le Capitaine Hérisson.
219.	ALEXIS (PAUL)	Les femmes du père Lefèvre.
431.	ALLARD (RENÉE)	Le Roman d'une provinciale.
178.	ARCIS (CH. D')	La Correctionnelle pour rire.
298.	—	La Justice de Paix amusante.
36.	ARÈNE (PAUL)	Le Canot des six Capitaines.
141.		Nouveaux Contes de Noël.
32.	AUBANEL (HENRY)	Historiettes.
62.	AUBERT (CH.)	La Belle Luciole.
128.	—	La Marieuse.
291.	AURIOL (GEORGE)	Contez-nous ça !
339.	AUTEURS CÉLÈBRES	Chroniques et Contes.
325.	AVENTURES MERVEILLEUSES DE FORTUNATUS. (Illustrations).	
320.	BALLIEU (JACQUES)	Les Amours fatales. Saïda.
410.	BALZAC (H. DE)	Le père Goriot.
412.	—	La Peau de chagrin.
414.	—	La Femme de trente ans.
416.	—	Le Médecin de campagne.
418.	—	Le Contrat de mariage.
420.	—	Mémoires de deux jeunes mariées.
422.	—	Le Lys dans la Vallée.
424.	—	Histoire des Treize.
426.	—	Ursule Mirouët.
428.	—	Une ténébreuse affaire.

a

Nos		
430.	BALZAC (H. DE) . . .	Un début dans la Vie.
432.	—	Les Rivalités.
434.	—	La Maison du Chat-qui-Pelote.
436.	—	Une double famille.
438.	—	La Vendetta.
440.	—	Gobseck.
442.	—	Le Colonel Chabert.
444.	—	Une Fille d'Ève.
446.	—	La maison Nucingen.
448.	—	Le Curé de Tours.
450.	—	Pierrette.
452.	—	Béatrix.
454.	—	Louis Lambert.
456.	—	Séraphita.
458.	—	Eugénie Grandet.
460.	—	Physiologie du mariage.
462.	—	Modeste Mignon.
464.	—	Grandeur et décadence de César Birotteau.
466.	—	La cousine Bette.
468.	—	Le cousin Pons.
317.	BARBIER (ÉMILE) . . .	Cythère en Amérique. Illustré.
425.	BARBUSSE (A.) . . .	L'Ange du foyer.
470.	BAROT (ODYSSE) . . .	Susie.
346.	BARRON (LOUIS)	Paris étrange.
379.	BEAUMARCHAIS	Le Barbier de Séville.
380.	—	Le Mariage de Figaro.
184.	BEAUTIVET	La Maîtresse de Mazarin.
14.	BELOT (ADOLPHE) . . .	Deux Femmes.
31.	—	Hélène et Mathilde.
171.	—	Le Pigeon.
189.	—	Le Parricide.
203.	—	Dacolard et Lubin.
137.	BELOT (A.) et E. DAUDET	La Vénus de Gordes.
156.	BELOT (A.) et J. DAUTIN.	Le Secret terrible
373.	BERLEUX (JEAN)	Cousine Annette.
394.	—	Le Roman de l'Idéal.
389.	BERNARD (CH. DE) . . .	La peau du Lion.
72.	BERTHE (COMTESSE) . .	La Politesse pour Tous.
146.	BERTHET (ÉLIE) . . .	Le Mûrier blanc.
222.	BERTOL-GRAIVIL. . . .	Dans un Joli Monde ⎱ (Les Deux
223.	—	Venge ou meurs! ⎰ Criminels).
375.	BESNARD (ÉRIC)	Le Lendemain du mariage.
162.	BIART (LUCIEN)	Benito Vasquez.
296.	BLASCO (EUSEBIO) . . .	Une Femme compromise.
268.	BOCCACE	Contes.
311.	BONHOMME (PAUL) . . .	Prisme d'Amour.
74.	BONNET (ÉDOUARD) . .	La Revanche d'Orgon.
43.	BONNETAIN (P.)	Au Large.
57.	—	Marsouins et Mathurins.
224.	BONSERGENT (A.) . . .	Monsieur Thérèse.

Nos		
276.	BOSQUET (E.)	Le Roman des Ouvrières.
112.	BOUSENARD (L.)	Aux Antipodes.
145.	—	10.000 ans dans un bloc de glace.
229.	—	Chasseurs Canadiens.
12.	BOUVIER (A.)	Colette.
34.	—	Le Mariage d'un Forçat.
105.	—	Les Petites Ouvrières.
143.	—	Mademoiselle Beau-Sourire.
167.	—	Les Pauvres.
186.	—	Les Petites Blanchisseuses.
398.	BOUVIER (JEAN)	Fille de chouan.
191.	BRÉTIGNY (P.)	La Petite Gabi.
400.	BRISSE (BARON)	Petite cuisine des Familles.
381.	BRUNEL (GEORGES)	La Science à la Maison.
399.	BUSNACH (WILLIAM)	Le Crime du bois de Verrières.
75.	CAHU (THÉODORE)	Le Sénateur Ignace.
233.	—	Le Régiment où l'on s'amuse.
279.	—	Combat d'Amours.
324.	—	Excelsior. Un Amour dans le monde.
396.	—	Celles qui se donnent.
322.	CAMÉE.	Un Amour russe.
37.	CANIVET (CH.)	La Ferme des Gohel.
305.	—	Enfant de la Mer (couronné).
253.	CASANOVA (J.)	Sous les Plombs.
386.	CASIMIR DELAVIGNE	Les Enfants d'Edouard.
129.	CASSOT (C.)	La Vierge d'Irlande.
344.	CASTANIER (P.)	Le Roman d'un Amoureux.
287.	CAZOTTE (J.)	Le Diable Amoureux.
323.	CHAMISSO (A. DE)	Pierre Schlémihl (Illustrations).
123.	CHAMPFLEURY.	Le Violon de faïence.
147.	CHAMPSAUR (F.)	Le Cœur.
42.	Chanson de Roland (La)	
54.	CHATEAUBRIAND.	Atala, René, Dernier Abencérage.
7.	CHAVETTE (E.)	La Belle Alliette.
30.	—	Lilie, Tutue, Bebeth.
190.	—	Le Procès Pictompin.
198.	CHINCHOLLE (CH.)	Le Vieux Général.
120.	CIM (ALBERT)	Les Prouesses d'une Fille.
329.	—	Les Amours d'un Provincial.
364.	—	La Petite Fée.
125.	CLADEL (LÉON)	Crête-Rouge.
18.	CLARETIE (JULES)	La Mansarde.
85.	COLOMBIER (MARIE)	Nathalie.
358.	—	Sacha.
163.	CONSTANT (BENJAMIN)	Adolphe.
282.	COQUELIN CADET	Le Livre des Convalescents. (Illust.)
347.	CORA PEARL	Mémoires.
328.	CORDAY (MICHEL)	Misères secrètes.
390.	—	Mon lieutenant.
303.	COTTIN (MADAME)	Elisabeth.

Nos		
26.	COURTELINE (G.)	Le 51e Chasseurs.
153.	—	Madelon, Margot et Cie.
228.	—	Les Facéties de Jean de la Butte.
252.	—	Ombres parisiennes.
237.	—	Boubouroche.
271.	COUTURIER (CL.)	Le Lit de cette personne.
357.	CYRANO DE BERGERAC	Voyage dans la Lune.
259.	DANRIT (CAPITAINE)	La Bataille de Neufchâteau.
419.	—	Les Exploits d'un sous-marin.
238.	DANTE	L'Enfer.
360.	DARZENS	Le Roman d'un Clown.
2.	DAUDET (ALPHONSE)	La Belle-Nivernaise.
131.	—	Les Débuts d'un Homme de Lettres.
179.	DAUDET (ERNEST)	Le Crime de Jean Malory.
50.	—	Jourdan Coupe-Tête.
217.	—	Le Lendemain du péché.
332.	—	Les 12 Danseuses du château de Lamolle.
342.	—	Le Prince Pogoutzine.
352.	—	Les Duperies de l'Amour.
244.	DELCOURT (P.)	Le Secret du Juge d'Instruction.
29.	DELVAU (ALFRED)	Les Amours buissonnières.
58.	—	Mémoires d'une Honnête Fille.
134.	—	Le grand et le petit Trottoir.
220.	—	A la porte du Paradis.
235.	—	Les Cocottes de mon Grand-Père.
254.	—	Miss Fauvette.
169.	—	Du Pont des Arts au Pont de Kehl.
89.	DESBEAUX (E.)	La Petite Mendiante.
70.	DESLYS (CH.)	L'Abîme.
155.	—	Les Buttes Chaumont.
225.	—	L'Aveugle de Bagnolet.
48.	DHORMOYS (P.)	Sous les Tropiques.
262.	DICKENS (CH.)	Un Ménage de la Mer.
240.	—	La Terre de Tom Tiddler.
207.	—	La Maison hantée.
21.	DIDEROT	Le Neveu de Rameau.
66.	DIGUET (CH.)	Moi et l'autre (ouvrage couronné).
314.	DOLLFUS (PAUL)	Modèles d'Artistes (illustré).
117.	DOSTOIEWSKY	Ame d'Enfant.
337.	—	Les Précoces.
343.	DRAULT (JEAN)	Les Aventures de Bécasseau.
455.	—	L'impériale de l'omnibus.
24.	DRUMONT (ÉDOUARD)	Le Dernier des Trémolin.
140.	DUBUT DE LAFOREST	Belle-Maman.
158.	DU CAMP (MAXIME)	Mémoires d'un Suicidé.
152.	DUMAS (ALEXANDRE)	La Marquise de Brinvilliers.
192.	—	Les Massacres du Midi.
221.	—	Les Borgia.
231.	—	Marie Stuart.
285.	DURIEU (L.)	Ces bons petits collèges.

N°s		
331.	DURIEU (L.)	Le Pion.
8.	DUVAL (G.)	Le Tonnelier.
241.	ENNE (F.) et F. DELISLE	La Comtesse Dynamite.
121.	ERASME.	Colloques choisis (couronné).
368.	—	Eloge de la folie (couronné).
27.	ESCOFFIER	Troppmann.
124.	EXCOFFON (A.)	Le Courrier de Lyon.
208.	FIÉVÉE (J.)	La Dot de Suzette.
104.	FIGUIER (Mme LOUIS). .	Le Gardian de la Camargue.
164.	—	Les Fiancés de la Gardiole.
471.	FISCHER (MAX ET ALEX).	Avez-vous cinq minutes ?
1.	FLAMMARION (CAMILLE).	Lumen.
51.	—	Rêves étoilés.
101.	—	Voyages en Ballon.
151.	—	L'Eruption du Krakatoa.
201.	—	Copernic et le système du monde.
251.	—	Clairs de Lune.
301.	—	Qu'est-ce que le Ciel ?
351.	—	Excursions dans le Ciel.
401.	—	Curiosités de la Science.
451.	—	Les caprices de la foudre.
449.	FONCLOSE (Mme M. DE).	Guide pratique des Travaux de Dames
313.	FRAGEROLLE et COSSERET.	Bohême bourgeoise.
340.	GARCHINE	La Guerre.
17.	GAUTIER (THÉOPHILE).	Jettatura.
53.	—	Avatar. — Fortunio.
139.	GAUTIER (Mme JUDITH).	Les Cruautés de l'Amour.
391.	GAWLIKOWSKI.	Guide complet de la Danse.
397.	GAY (ERNEST)	Fille de comtesses.
349.	GINESTET (H. DE) . .	Souvenirs d'un prisonnier de guerre en Allemagne.
194.	GINISTY (P.). Seconde nuit (roman bouffe. Préface par A. Silvestre).	
23.	GOETHE	Werther.
172.	GOGOL (NICOLAÏ) . . .	Les Veillées de l'Ukraine.
197.	—	Tarass Boulba.
367.	—	Contes et Nouvelles.
28.	GOLDSMITH	Le Vicaire de Wakefield.
177.	GOZLAN (LÉON) . . .	Le Capitaine Maubert.
361.	—	Polydore Marasquin.
363.	GRÉBAUVAL (A.) . . .	Le Gabelou.
256.	GREYSON (E.).	Juffer Daadge et Juffer Doortje.
168.	GROS (J.)	Un Volcan dans les Glaces.
210.	—	L'homme fossile.
297.	—	Les Derniers Peaux-Rouges.
308.	—	Aventures de nos Explorateurs.
60.	GUÉRIN-GINISTY . . .	La Fange.
149.	—	Les Rastaquouères.
307.	GUICHES (GUSTAVE) .	L'Imprévu.
106.	GUILLEMOT (G.) . . .	Maman Chautard.
230.	GUYOT (YVES)	Un Fou.

Nos
348. GYP . . . . Dans l'Train.
108. HAILLY (G. D') . . . . Fleur de Pommier.
157.   —   Le Prix d'un Sourire.
406.   —   Un cœur d'or.
  9. HALT (Mme ROBERT). Hist. d'un Petit Homme (ouvr. cour.).
 76.   —   Brave Garçon.
 91.   —   La Petite Lazare.
417.   —   Battu par des Demoiselles.
 68. HAMILTON . . . . . . Mémoire du Chevalier de Grammont.
338. HÉGÉSIPPE MOREAU. Le Myosotis.
355. HENNIQUE (LÉON) . . Benjamin Rozes.
 87. HEPP (A.) . . . . L'Amie de Madame Alice.
295. HOFFMANN . . . . . . Contes fantastiques.
 41. HOUSSAYE (ARSÈNE). Lucia.
 61.   —   Madame Trois-Etoiles.
119.   —   Les Larmes de Jeanne.
142.   —   La Confession de Caroline.
187.   —   Julia.
433.   —   Mlle de La Vallière et Mme de Montespan.
245. HUCHER (F.) . . . . . La Belle Madame Pajol.
407.   —   Œuvre de Chair.
     HUGO (VICTOR) . . . La Légende du Beau Pécopin.
 13. JACOLLIOT (L.) . . . . Voyage aux Pays Mystérieux.
 56.   —   Le Crime du Moulin d'Usor.
 67.   —   Vengeance de Forçats.
200.   —   Les Chasseurs d'Esclaves.
247.   —   Voyage sur les rives du Niger.
261.   —   Voyage au pays des Singes.
445.   —   Fakirs et Bayadères.
 81. JANIN (JULES) . . . . L'Ane mort.
286.   —   Contes.
294.   —   Nouvelles.
 97. JOGAND (M.) . . . . . L'Enfant de la Folle.
405. LACOUR (PAUL) . . . Le diable au corps.
392. LAFARGUE (FERNAND). Les Ciseaux d'Or.
408.   —   Les Amours passent...
443.   —   La fausse piste.
467.   —   Fin d'Amour.
315. LA FONTAINE . . . . Contes.
284. LANO (PIERRE DE) . . Jules Fabien.
345. LAPAUZE (HENRY) . . De Paris au Volga (couronné).
372. LA QUEYSSIE (EUG. DE). La Femme de Tantale.
133. LAUNAY (A. DE) . . . Mademoiselle Mignon.
278. LAURENT (ALBERT) . La Bande Michelou.
383. LAVELEYE (E. DE) . . Sigurd et les Eddas.
437. LEMERCIER DE NEUVILLE (L.). Les Pupazzi inédits.
272. LE ROUX (HUGUES) . L'Attentat Sloughine.
 38. LEROY (CHARLES) . . Les Tribulations d'un Futur.
144.   —   Le Capitaine Lorgnegrut.
289.   —   Un Gendre à l'Essai.

Nos		
176.	LESSEPS (FERDINAND DE).	Les Origines du Canal de Suez.
439.	LETTRES GALANTES D'UNE FEMME DE QUALITÉ.	
66.	LEX	Comment on se marie.
15.	LHEUREUX (P.) . . .	P'tit Chéri (Histoire parisienne).
288.	—	Le Mari de Mlle Gendrin.
185.	LOCKROY (ED.) . . .	L'Ile révoltée.
459.	LONGFELLOW	Evangéline.
102.	LONGUEVILLE	L'Art de tirer les Cartes.
16.	LONGUS	Daphnis et Chloé.
195.	MAEL (PIERRE)	Pilleur d'épaves (mœurs maritimes).
209.	—	Le Torpilleur 29.
264.	—	La Bruyère d'Yvonne.
334.	—	Le Roman de Joël.
33.	MAISTRE (X. DE) . .	Voyage autour de ma Chambre.
40.	MAIZEROY (RENÉ) . .	Souvenirs d'un Officier.
59.	—	Vava Knoff.
148.	—	Souvenirs d'un Saint-Cyrien.
159.	—	La Dernière Croisade.
182.	MARGUERITTE (P.) . .	La confession posthume.
86.	MARTEL (T.)	La Main aux Dames.
232.	—	La Parpaillotte.
362.	—	L'Homme à l'Hermine.
453.	—	Doña Blanca.
472.	—	La Tuile d'or.
82.	MARY (JULES)	Un coup de Revolver.
173.	—	Un Mariage de confiance.
243.	—	Le Boucher de Meudon.
64.	MAUPASSANT (GUY DE)	L'Héritage.
111.	—	Histoire d'une Fille de Ferme.
11.	MENDÈS (CATULLE) . .	Le Roman Rouge.
65.	—	Monstres parisiens (nouvelle série).
44.	—	Pour lire au Bain.
94.	—	Le Cruel Berceau.
114.	—	Pour lire au Couvent.
154.	—	Pierre le Véridique, roman.
211.	—	Jeunes Filles.
196.	—	Jupe Courte.
234.	—	Isoline.
250.	—	L'Art d'Aimer.
266.	—	L'Enfant amoureux.
388.	—	Verger-Fleuri.
90.	MÉROUVEL (CH.) . . .	Caprice des Dames.
110.	MÉTÉNIER (OSCAR) . .	La Chair.
270.	—	La Grâce.
227.	—	Myrrha-Maria.
321.	—	La Croix.
170.	MEUNIER (V.)	L'Esprit et le Cœur des Bêtes.
52.	MICHELET (MADAME) .	Quand j'étais Petite.
63.	MIE D'AGHONNE . . .	L'Écluse des Cadavres.
115.	—	L'Enfant du Fossé.

Nos		
218.	MIE D'AGHONNE	Les Aventurières.
118.	MOLÈNES (E. DE)	Pâlotte.
130.	MONSELET (CHARLES)	Les Ruines de Paris.
239.	MONTAGNE (ÉD.)	La Bohème camelotte.
93.	MONTEIL (E.)	Jean des Galères.
370.	MONTET (JOSEPH)	Le justicier.
135.	MONTIFAUD (M. DE)	Héloïse et Abélard.
338.	MOREAU (HÉGÉSIPPE)	Le Myosotis.
304.	MOREAU-VAUTHIER (CH.)	Les Rapins.
69.	MOULIN (MARTIAL)	Nella.
290.	—	Le Curé Comballuzier.
267.	MOULIN (MARTIAL) ET PIERRE LEMONNIER.	Aventures de Mathurins.
216.	MULLEM (L.)	Contes d'Amérique.
161.	MURGER (HENRI)	Le Roman du Capucin.
310.	NACLA (VICOMTESSE)	Par le Cœur.
384.	—	Par-ci, par-là.
4.	NAPOLÉON Ier	Allocutions et Proclamations militaires.
309.	—	Messages et Discours politiques.
249.	NERVAL (GÉRARD DE)	Les Filles du feu.
333.	—	Aurélia.
199.	NEWSKY (P.)	Le Fauteuil Fatal.
371.	NION (FRANÇOIS DE)	L'Usure.
312.	NOEL (ÉDOUARD)	L'Amoureux de la Morte.
19	NOIR (LOUIS)	L'Auberge Maudite.
132.	—	La Vénus cuivrée.
205.	—	Un Tueur de Lions.
457.	—	Trésor caché.
465.	—	Au fond de l'abîme.
242.	NOIROT (E.)	A travers le Fouta-Djallon.
374.	PARDIELLAN (P. DE)	L'implacable service.
265.	PAZ (MAXIME)	Trahie.
95.	PELLICO (SILVIO)	Mes prisons.
385.	PELLOUTIER (LÉONCE)	Ma tante Mansfield.
441.	PERRAULT (PIERRE)	L'Amour d'Hervé.
277.	PERRET (P.)	La fin d'un Viveur.
427.	—	Petite Grisel.
376.	PÉTRARQUE ET LAURE	Lettres de Vaucluse.
226.	PEYREBRUNE (G. DE)	Jean Bernard.
393.	PICHON (LUDOVIC)	L'Amant de la Morte.
127.	PIGAULT-LEBRUN	Monsieur Botte.
73.	POÉ (EDGAR)	Contes extraordinaires.
193.	PONT-JEST (R. DE)	Divorcée.
188.	POTHEY (A.)	La Fève de Saint-Ignace.
160.	POUCHKINE	Doubrovsky.
274.	PRADELS (OCTAVE)	Les Amours de Bidoche.
378.	—	Le Plan de Nicéphore.
463.	—	Agence matrimoniale.
6.	PRÉVOST (L'ABBÉ)	Manon Lescaut.
319.	RAIMES (GASTON DE)	L'Épave.
316.	RATAZZI (Mme)	La Grand'Mère.

236.	REIBRACH (J).	La Femme à Pouillot.
258.	RENARD (JULES).	Le Coureur de Filles.
35.	RÉVILLON (TONY).	Le Faubourg Saint-Antoine.
78.	—	Noémi, La Bataille de la Bourse.
136.	—	L'Exilé.
300.	—	Les Dames de Neufve-Église.
318.	—	Aventure de Guerre.
356.	RICHE (DANIEL).	Amours de Mâle.
330.	RICHEBOURG (ÉMILE).	Le Portrait de Berthe.
353.	—	Sourcils noirs.
46.	RICHEPIN (JEAN).	Quatre petits Romans.
77.	—	Les Morts bizarres.
292.	ROCHEFORT (HENRI).	L'Aurore boréale.
354.	ROGER-MILÈS.	Pures et impures.
214.	ROUSSEIL (Mlle).	La Fille d'un Proscrit.
96.	RUDE (MAXIME).	Une Victime de Couvent.
126.	—	Roman d'une Dame d'honneur.
260.	—	Les Princes Tragiques.
395.	SABATIER (E.)	Manuel de l'Agriculteur et du Jardinier.
10.	SAINT-PIERRE (B. DE)	Paul et Virginie.
15.	SANDEAU (JULES).	Madeleine.
80.	SARCEY (FRANCISQUE)	Le Siège de Paris.
138.	SAUNIÈRE (PAUL).	Vif-Argent.
150.	SCHÖLL (AURÉLIEN).	Peines de cœur.
336.	—	L'Amour d'une Morte.
413.	SCOTT (WALTER).	Le Nain noir.
415.	—	Le Château périlleux.
175.	SÉVIGNÉ (Mme DE)	Lettres choisies.
98.	SIEBECKER (E.).	Le Baiser d'Odile.
335.	—	Récits héroïques.
404.	SIENKIEWICZ (HENRIK).	Une idylle dans la Savane.
47.	SILVESTRE (ARMAND).	Histoires Joyeuses.
116.	—	Histoires Folâtres.
165.	—	Maïma.
180.	—	Rose de Mai.
283.	—	Histoires gaies.
293.	—	Les Cas difficiles.
306.	—	Les Veillées galantes.
429.	—	Le célèbre Cadet-Bitard.
206.	SIRVEN (ALFRED).	La Linda.
213.	—	Etiennette.
107.	SOUDAN (JEHAN).	Histoires américaines (illustrées).
71.	SOULIÉ (FRÉDÉRIC).	Le Lion Amoureux.
246.	SPOLL (E. A.).	Le Secret des Villiers.
20.	STAPLEAUX (L.).	Le Château de la Rage.
84.	STERNE.	Voyage Sentimental.
39.	SWIFT.	Voyages de Gulliver.
22.	TALMEYR (M.).	Le Grisou.
435.	THÉO-CRITT.	Le Bataillon des hommes à poil.
5.	THEURIET (ANDRÉ).	Le Mariage de Gérard.

92.	THEURIET (ANDRÉ)	Lucile Désenclos. — Une Ondine.
281.	—	Contes tendres.
469.	THIRION (E.)	Mamzelle Misère.
473.	TISSOT (VICTOR)	Au Berceau des Tzars.
79.	TOLSTOÏ	Le Roman du Mariage.
174.	—	La Sonate à Kreutzer.
299.	—	Premiers Souvenirs.
359.	—	A la Hussarde.
377.	—	Napoléon et la Campagne de Russie.
387.	—	Pamphile et Julius.
402.	—	Les Cosaques.
423.	—	Sébastopol (mai et août 1855).
411.	TOLSTOÏ ET BONDAREFF.	Le Travail.
326.	TOPFFER (R.)	La Bibliothèque de mon Oncle.
327.	—	Nouvelles genevoises.
83.	TOUDOUZE (G.)	Les Cauchemars.
212.	TOURGUENEFF (I.)	Devant la Guillotine.
55.	—	Récits d'un Chasseur.
109.	—	Premier Amour.
461.	TRISTAN BERNARD.	Citoyens, Animaux, Phénomènes.
302.	UZANNE (OCTAVE)	La Bohême du Cœur.
365.	VALDÈS (ANDRÉ)	A la Dérive.
99.	VALLERY-RADOT.	Journal d'un Volontaire d'un an (couronné)
25.	VAST-RICOUARD.	La Sirène.
166.	—	Madame Lavernon.
257.	—	Le Chef de Gare.
341.	VAUCAIRE (MAURICE).	Le Danger d'être aimé.
421.	VAUDÈRE (JANE DE LA).	La Mystérieuse.
269.	VAUTIER (CL.)	Femme et Prêtre.
280.	VEBER (PIERRE).	L'Innocente du Logis.
113.	VIALON (P.)	L'Homme au Chien muet.
369.	VIGNÉ D'OCTON (P.)	Mademoiselle Sidonie.
409.	—	Petite Amie.
88.	VIGNON (CLAUDE)	Vertige.
49.	VILLIERS DE L'ISLE-ADAM	Le Secret de l'Échafaud.
100.	VOLTAIRE	Zadig. — Candide. — Micromégas.
350.	—	L'Ingénu.
	VOULQUIN (G.)	Le Tir.
447.	X... (Mme)	Mémoires d'une Préfète de la 3e République
273.	XANROF.	Juju.
275.	YVELING RAMBAUD.	Sur le tard.
183.	ZACCONE (PIERRE).	Seuls !
3.	ZOLA	Thérèse Raquin.
45.	—	Jacques Damour.
103.	—	Nantas.
122.	—	La Fête à Coqueville.
181.	—	Madeleine Férat.
255.	—	Jean Gourdon.
263.	—	Sidoine et Médéric.

Bibliothèque des Arts appliqués aux Métiers

La Science et l'Outil. — L'Éducation manuelle
Collection nouvelle in-8° carré, richement illustrée
Prix de chaque volume, broché, 3 fr. 50. — Reliure artistique, 4 fr. 50

LA DÉCORATION DU CUIR
Sculpture — Modelage — Ciselure — Patinage — Mosaïque par superposition
ENSEIGNEMENT TECHNIQUE DES FORMULES ET TOURS DE MAIN
Par Georges DE RÉCY, amateur praticien
Un volume illustré de 135 planches ou figures

DÉCOR PAR LA PLANTE
L'Ornement et la Végétation. — Théorie décorative et applications industrielles
Par Alfred KELLER
Un volume illustré de 685 dessins exécutés par l'Auteur

DENTELLE ET GUIPURE
Anciennes et Modernes. — Imitations ou Contrefaçons
Par Auguste LEFÉBURE
Un volume in-8° carré, illustré de 260 planches ou figures

HENRY HAVARD
L'Art et le Confort dans la Vie moderne
LE BON VIEUX TEMPS
Un volume in-8°, illustré de nombreuses planches et figures

LA CÉRAMIQUE FRANÇAISE
Décoration et Réparation des Faïences, Porcelaines, Terres cuites, Biscuits
Comment discerner les genres de fabrication
Par Roger PEYRE
Un volume illustré de nombreuses pièces reproduites et de 800 marques

Les Monstres dans l'Art
Êtres humains et animaux, bas-reliefs, rinceaux, fleurons, etc.
Par Edmond VALTON
Accompagnés de 432 planches ou figures

BIBLIOTHÈQUE POUR TOUS

à 75 centimes le volume broché
En jolie reliure spéciale . . . . 1 fr. 25

(Chaque ouvrage est orné de nombreuses figures dans le texte)

C. KLARY
MANUEL DE PHOTOGRAPHIE
POUR LES AMATEURS

Désiré SCRIBE
LE PETIT SECRÉTAIRE PRATIQUE

CHRISTIE et CHAREYRE
L'ARCHITECTE-MAÇON

G. CORNIÉ
MANUEL PRATIQUE ET TECHNIQUE DU VÉLOCIPÈDE

Aristide POUTIER
MANUEL DU MENUISIER-MODELEUR

L. TERRODE
MANUEL DU SERRURIER

BIBLIOTHÈQUE POUR TOUS (*Suite*).

J. VILLARD
MANUEL DU CHAUDRONNIER EN FER

Baron BRISSE
PETITE CUISINE DES FAMILLES

Adhémar de LONGUEVILLE
MANUEL COMPLET DES JEUX DE CARTES
SUIVI DE
L'Art de tirer les cartes

L. C.
NOUVEAU GUIDE POUR SE MARIER
suivi du
Manuel du Parrain et de la Marraine

GAWLIKOWSKI
GUIDE COMPLET DE LA DANSE

E. SABATIER
MANUEL DE L'AGRICULTEUR

E. VIGNES
L'ÉLECTRICITÉ CHEZ SOI

LES PIÈCES A SUCCÈS

Publication illustrée de simili-gravures, tirage de luxe sur papier couché

Prix de chaque fascicule grand in-8°, **60** cent.

La collection des **PIÈCES A SUCCÈS** *ne contient, en effet, que des œuvres qui ont été jouées et qui ont bien mérité leur titre. Dans ces Pièces on a pu établir comme une sorte de classement. Certaines peuvent être représentées* **intégralement** *par de très jeunes gens dans des institutions, d'autres dans les salons, etc.*

	Hommes	Femmes
Peuvent être jouées dans les institutions :		
Le Gendarme est sans pitié, par Georges COURTELINE et NONÈS	4	»
Le Sacrement de Judas, par Louis TIERCELIN	4	1
Monsieur Badin, par Georges COURTELINE	3	»
La Soirée Bourgeois, par Félix GALIPAUX	2	1
Le Commissaire est bon enfant, par G. COURTELINE et Jules LÉVY	7	1
Les Oubliettes, par BONIS-CHARANCLE	4	1
Capsule, par Félix GALIPAUX	2	1
Peuvent être jouées dans tous les salons, intégralement ou avec de légères modifications :		
Silvérie, par Alphonse ALLAIS et Tristan BERNARD	2	1
Mon Tailleur, par Alfred CAPUS	1	2
Les Affaires Étrangères, par Jules LÉVY	2	3
Le Seul Bandit du Village, par Tristan BERNARD	4	2
La Visite, par Daniel RICHE	2	1
La Fortune du Pot, par Jules LÉVY et Léon ABRIC	2	2
Service du Roi, par Henri PAGAT	3	2
L'Inroulable, par Pierre WOLF	1	2
Conviennent plus spécialement aux théâtres libres :		
Lui, par Oscar MÉTÉNIER	2	2
La Cinquantaine, par Georges COURTELINE	1	1
Le Ménage Rousseau, par Léo TRÉZENIK	1	4
En Famille, par Oscar MÉTÉNIER	3	2

PIÈCES A SUCCÈS (Suite)

	Hommes	Femmes
Monsieur Adolphe, par Ern. Vois et Alin Monjardin.	2	2
La Casserole, par Oscar Méténier	8	3
La Revanche de Dupont l'Anguille, par Oscar Méténier (*Prix* 1 fr. 20)	10	3
Une Manille, par Ernest Vois	5	1
Caillette, par H. de Gorrse et Ch. Meyreuil . . .	4	2
Paroles en l'air, par Pierre Veber et L. Abric . . .	5	3
L'Extra-Lucide, par Georges Courteline	1	1
Trop Aimé, par Xanrof.	1	1
Le Portrait (1 acte en vers) par Millanvoye et Cressonois	2	2
L'Ami de la Maison, par Pierre Veber	3	2
Les Chaussons de Danse, par Auguste Germain . .	2	2
Dent pour Dent, par H. Kistemaeckers	3	1
Petin, Mouillarbourg et Consorts, par Georges Courteline	7	1
Grandeur et Servitude, par Jules Chancel	5	1
La Berrichonne, par Léo Trézenik	3	3
Un verre d'eau dans une tempête, par L. Schneider et A. Sciama	1	2
L'Affaire Champignon, par G. Courteline et P. Veber.	7	2
Le Pauvre Bougre et le Bon Génie, par Alph. Allais.	2	1
Les Crapauds. La Grenouille, par Léon Albric . .	2	1
Les Cigarettes, par Max Maurey.	3	1
Nuit d'été, par Auguste Germain	2	2
La Huche à pain (1 acte en vers), par J. Redelsperger	5	2
Si tu savais, ma chère, par Jules Lévy	1	3
La Grenouille et le Capucin, par Franc-Nohain . .	2	1
Le Coup de Minuit, par H. Delorme et Francis Gally.	2	3
Cher Maître, par Xanrof	3	1
Ceux qu'on trompe, par Grenet-Dancourt	2	2
Un Bain qui chauffe, par Pierre Veber	2	2
Blancheton père et fils, par G. Courteline et P. Veber.	14	4
Un Début dans le monde, par Max Maurey et P. Mathiex.	1	5
Pour la Gosse, par Jules Lévy	3	3

Joli emboîtage pour 25 pièces. . . . Prix : 2 fr. 50

Collection Illustrée d'Ouvrages Utiles

Chaque Volume du format in-18, cartonnage élégant. — Prix 3 fr.

ARNOUS DE RIVIÈRE
TRAITÉ POPULAIRE du JEU DE BILLARD
Un volume illustré

J. DYBOWSKI
GUIDE DU JARDINAGE
Un volume illustré

C. KLARY
GUIDE DE L'AMATEUR PHOTOGRAPHE
Avec illustrations. — Un volume

PAUL BICHET
L'ART ET LE BIEN-ÊTRE CHEZ SOI
GUIDE ARTISTIQUE ET PRATIQUE
200 illustrations d'HENRIOT. — 1 Volume.

LE LIVRE DES JEUX
Dominos, Cartes, Dames, Échecs, Jeux de Société, en plein air, etc.
Nombreuses illustrations d'HENRIOT. — 1 volume

J. SOILLOT
Cours Théorique et Pratique de Comptabilité
1re et 2e parties . . . . 1 volume
3e et 4e parties. . . . . 1 volume

CHARLES DIGUET
GUIDE DU CHASSEUR
Illustrations et portrait par KAUFFMANN. — 1 volume

OUVRAGES UTILES (suite)

FISCH-HOOK
LE LIVRE DU PÊCHEUR
Avec nombreuses illustrations. — Un volume.

BARON BRISSE
LA CUISINE
des ménages bourgeois et des petits ménages
Un fort volume in-18 avec de nombreuses figures
et 200 Recettes utiles

LE SECRÉTAIRE
1 volume illustré par Henriot
Lettres officielles, lettres de jour de l'an, etc.

D⁰ CAMBOULIVES
L'HOMME et la FEMME A TOUS LES AGES de la VIE
4ᵉ Edition augmentée d'un Chapitre sur la **VIE FUTURE**
Un volume in-18 illustré de 25 figures

CHARLES ET ALEXANDRE DUCHIER
LA LOI POUR TOUS
LE PRÉVOYANT EN AFFAIRES. — Un volume

Y. SAINT-BRIAC
LA CUISINE VÉGÉTARIENNE
Un joli volume in-16 . . . . 2 fr. 50

VICOMTESSE NACLA
DICTIONNAIRE DES 36.000 RECETTES
Un fort volume in-32

DICTIONNAIRE RUSTIQUE ILLUSTRÉ
Un volume in-18

b

COLLECTION DE ROMANS
à 1 fr. 25 le volume

HECTOR MALOT. (60 volumes)

Le Lieutenant Bonnet.	1 vol.	Anie.	1 vol.
Suzanne.	1 —	Les Millions honteux.	1 —
Miss Clifton.	1 —	Le Docteur Claude.	2 —
Clotilde Martory.	1 —	Le Mari de Charlotte.	1 —
Marichette	2 —	Conscience	1 —
Pompon.	1 —	Justice	1 —
Un Curé de province.	1 —	Les Amants.	1 —
Un Miracle	1 —	Les Époux.	1 —
Romain Kalbris.	1 —	Les Enfants.	1 —
La Fille de la Comédienne	1 —	Les Amours de Jacques	1 —
		La Petite Sœur.	2 —
L'Héritage d'Arthur	1 —	Femme d'argent.	1 —
Le Colonel Chamberlin.	1 —	Les Besoigneux.	2 —
		Une Bonne Affaire.	1 —
La Marquise de Lucilière	1 —	Mère.	1 —
		Mondaine.	1 —
Ida et Carmélita.	1 —	Un Mariage sous le second Empire	1 —
Thérèse.	1 —		
Le Mariage de Juliette	1 —	La Belle Madame Donis	1 —
Une Belle-Mère.	1 —	Madame Obernin	1 —
Séduction.	1 —	Micheline.	1 —
Paulette.	1 —	Le Sang bleu.	1 —
Bon jeune Homme	1 —	Baccara.	1 —
Comte du Pape	1 —	Un Beau-Frère.	1 —
Marié par les prêtres.	1 —	Zyte.	1 —
Cara.	1 —	Ghislaine.	1 —
Vices français.	1 —	Mariage riche.	1 —
Raphaëlle.	1 —	Complices.	1 —
Duchesse d'Arvernes.	1 —	Amours de vieux.	1 —
Corysandre.	1 —	Amours de jeunes.	1 —

— 19 —

Romans à 1 fr. 25 le Volume (*Suite*)

EUGÈNE SUE (43 volumes)

Les Sept Péchés capitaux......... 5 vol.	Le Morne au Diable.. 1 vol.
Les Mystères de Paris. 4 —	Les Enfants de l'amour 1 —
Mathilde (Mémoires d'une jeune femme). 4 —	Les Mémoires d'un mari 2 —
	Les Fils de famille . 2 —
Le Juif Errant..... 4 —	Deux Histoires (1772-1810)......... 1 —
Les Misères des Enfants trouvés....... 4 —	Arthur, journal d'un inconnu........ 2 —
La Coucaratcha.... 1 —	
La Famille Jouffroy. 3 —	Miss Mary........ 1 —
La Salamandre .... 1 —	Paula Monti....... 1 —
Latréaumont....... 1 —	Plick et Plock. — Atar-Gull........ 1 —
La Vigie de Koat Ven. 2 —	
Le Commandeur de Malte......... 1 —	Thérèse Dunoyer ... 1 —

ALEXIS BOUVIER (54 volumes)

Chochotte........ 2 vol.	Iza-la-Ruine....... 1 vol.
Les Seins de marbre.. 1 —	La Mort d'Iza...... 2 —
La Belle Olga..... 1 —	La Petite Duchesse .. 2 —
Les Chansons du peuple 1 —	Le Bel Alphonse.... 2 —
Mlle Beaubaiser, sage-femme......... 1 —	La Sang brûlé...... 1 —
	Les Pauvres....... 1 —
Une Femme toute nue. 1 —	Le Club des Coquins.. 1 —
Ninie.......... 1 —	Mademoiselle Olympe. 1 —
La Petite Baronne .. 1 —	Les Soldats du désespoir.......... 1 —
Les Yeux de velours.. 1 —	
Les Amours de sang.. 1 —	Histoire d'une jolie fille (Bayonnette)..... 2 —
Le Fils de l'amant... 1 —	
Veuve et vierge.... 1 —	La Belle Grêlée.... 2 —
Les Créanciers de l'échafaud........ 2 —	Mademoiselle Beau-Sourire........ 1 —
La Princesse Saltimbanque........ 2 —	Malheur aux pauvres. 1 —
	Le Mariage d'un forçat 1 —
La Rousse........ 1 —	Le Drame de Saint-Cyr (La Bouginotte) .. 2 —
Le Domino rose.... 1 —	
L'Armée du crime... 1 —	Étienne Marcel.... 1 —
Lolo........... 2 —	Amour, Misère et Cie. 1 —
La Femme du mort.. 2 —	Le Mouchard...... 2 —
La Grande Iza..... 2 —	Le Fils d'Antony ... 2 —
Iza, Lolotte et Cie... 1 —	

Capitaine DANRIT

LA GUERRE FATALE
(*France-Angleterre*)

GRANDE PUBLICATION ILLUSTRÉE PAR L. COUTURIER

I. **A BIZERTE**. Un beau volume in-8° jésus, illustré :
Prix, broché, **5 fr.**
Relié toile, tranches dorées, plaque, **8 fr.**

II. **EN SOUS-MARIN**. Un beau volume in-8° jésus illustré :
Prix broché, **5 fr.**
Relié toile, tranches dorées, plaque, **8 fr.**

III. **EN ANGLETERRE**. Un beau volume in-8° jésus illustré :
Prix broché, **5 fr.**
Relié toile, tranches dorées, plaque, **8 fr.**

Les 3 parties en un seul volume : Prix, relié, **20 fr.**

Collection in-18 jésus, à 3 fr. 50 le Volume.

La Guerre de demain. Dessins et couvertures en couleurs de P. de Sémant. (Ouvrage couronné par l'Académie française) :

— *La Guerre de Forteresse* . . . . 2 vol.
— *En Rase Campagne* . . . . 2 vol.
— *En Ballon* . . . . 2 vol.

La Guerre fatale. — *France-Angleterre*, édition illustrée par L. Couturier et H.-P. Dillon.

— *A Bizerte* . . . . 1 vol.
— *En sous-marin* . . . . 1 vol.
— *En Angleterre* . . . . 1 vol.

DANRIT et DE PARDIELLAN

Le Journal de guerre du *Lieutenant Von Piefke* . . . . 2 vol.
(Contre-partie de la « Guerre de Forteresse » racontée par un officier allemand.)

Capitaine DANRIT

L'INVASION JAUNE

Grande publication illustrée par G. DUTRIAC,

1re partie : La Mobilisation Sino-Japonaise

1 volume in-8° illustré, *Prix : broché*. 4 50
Relié toile, plaque, tranches dorées 7 50

2e partie : A travers l'Europe

1 volume, in-8° illustré, *Prix* 7 50
Relié toile, plaque, tranches dorées 10 50

Les deux parties réunies en un volume.

Prix broché . . . . 12 »
Relié toile, plaque, tranches dorées . . . . . 15 »

L'INVASION NOIRE

LA GUERRE AU VINGTIÈME SIÈCLE

GRANDE PUBLICATION, ILLUSTRÉE PAR PAUL DE SÉMANT

1re partie : Mobilisation Africaine.

2me partie : Concentration, Pèlerinage à La Mecque.

3e partie : A travers l'Europe.

4me partie : Autour de Paris.

Prix de chaque volume grand in-8° jésus : 4 fr.

Souscription permanente des ouvrages ci-dessus et de la *Guerre Fatale* in-8° en livraisons à 10 cent. et en séries à 50 cent.

Œuvres d'Alphonse DAUDET

à 3 fr. 50 le Volume

Aventures prodigieuses de Tartarin de Tarascon.
Illustrations de Rossi, Montégut, Myrbach . . . . 1 vol.

Tartarin sur les Alpes. Illustrations de Myrbach, Aranda, Rossi . . . . 1 vol.

Port-Tarascon. Dernières aventures de l'illustre Tartarin. Illustrations par Bieler, Montégut, Montenard, etc. 1 vol.

Sapho. Édition illustrée par Rossi, Myrbach, etc . . . . . . 1 vol.

Jack. Illustrations par Rossi et Myrbach . . . . 1 vol.

Les Rois en exil. Illustrations de Bieler, Myrbach, etc. 1 vol.

Trente ans de Paris. Illustrations de Montégut, Myrbach, Rossi, etc . . . . 1 vol.

Souvenirs d'un homme de lettres. Illustrations de Montégut, Rossi, Bieler, Myrbach, etc. . . . . 1 vol.

L'Obstacle, Dessins de Bieler, Gambard, Marold et Montégut . . . . 1 vol.

Rose et Ninette. Frontispice de Marold . . . . 1 vol.

L'Évangéliste. Illustrations de Marold, etc. . . . . 1 vol.

Robert Helmont. Illustrations de Picard, etc. . . . . . . 1 vol.

Premier voyage, Premier mensonge. Illustrations de Bigot-Valentin . . . . 1 vol.

La Fédor, Pages de la vie. Illustrations de Fabrès, 1 vol.

La petite Paroisse. Illustrations de H.-P. Dillon . . . 1 vol.

La Belle-Nivernaise, histoire d'un vieux bateau et de son équipage. Illustrations de G. Fraipont . . . . . . 1 vol.

Œuvres
de
Camille FLAMMARION
à 3 fr. 50 le volume

Astronomie des Dames. Illustrations . . . . 1 vol.
    En reliure plaque. . . . . 5 fr.
Les Eruptions volcaniques . . . . 1 vol.
L'inconnu et les Problèmes psychiques . . . . . . 1 vol.
La fin du Monde. Illustrations de J.-P. Laurens, Rochegrosse, etc. . . . . 1 vol.
Dieu dans la Nature ou le Spiritualisme et le Matérialisme devant la Science. Avec portrait. . . . . 1 vol.
Dans le Ciel et sur la Terre. Tableaux et harmonies. Illustrations de Kauffmann . . . . 1 vol.
La Pluralité des Mondes habités, au point de vue de l'Astronomie, de la Physiologie et de la Philosophie naturelle. Avec figures . . . . 1 vol.
Stella, roman . . . . 1 vol.
Uranie. Illustrations de E. Bayard, Bieler, Falero, etc. 1 vol.
Les Mondes imaginaires et les Mondes réels. Revue des théories humaines sur les habitants des Astres. Avec figures . . . . 1 vol.
Récits de l'Infini. Lumen. — Histoire d'une Ame. La vie universelle et éternelle . . . . 1 vol.
Sir Humphry Davy. Les Derniers jours d'un Philosophe, Entretiens sur la Nature, etc. Traduit de l'anglais. 1 vol.
Mes Voyages aériens. Journal de bord de douze voyages en ballon, avec plans topographiques. . . . . 1 vol.

Ouvrages de la Baronne STAFFE

Publiés dans le format in-18 jésus

Prix du volume broché. 3 fr. 50 — Cartonnage spécial, en plus. 0 fr. 50

ÉDITIONS REVUES, CORRIGÉES ET AUGMENTÉES

Usages du monde. Règles du savoir-vivre dans la Société moderne. — *Naissance.* — *Baptême.* — *Le Mariage.* — *Les Visites.* — *La Conversation.* — *Les Diners*, etc. . . . . 1 vol.

Le Cabinet de Toilette. — *Agencement.* — *Soins corporels.* — *Conseils et Recettes.* — *Bijoux*, etc. 1 vol.

La Maîtresse de Maison et l'Art de recevoir chez soi. — *L'entrée en ménage.* — *La Femme d'intérieur.* — *Les Secrets de la ménagère*, etc. . . . . . . 1 vol.

Traditions culinaires. — *L'Art de manger toutes choses à table.* . . . . 1 vol.

La Correspondance dans toutes les circonstances de la vie. — *Enfance.* — *Premières amitiés.* — *Fiançailles.* — *Vie conjugale.* — *Vie sociale.* — *Serviteurs.* — *Lettres d'affaires*, etc.. . . . . . . 1 vol.

Ouvrages de la Baronne STAFFE (*Suite*)

Mes Secrets. — *Pour plaire et pour être aimée.* 1 vol.

La Femme dans la Famille. — *La Fille.* — *L'Épouse.* — *La Mère*. . . . . 1 vol.

Pour augmenter son Bien-être. . . . . 1 vol.

Les Hochets féminins. — *Bijoux, Dentelles, Éventails, etc.* . . . . 1 vol.

Les 9 volumes reliés richement, réunis dans un étui
Prix : **45** francs

OUVRAGES DE MADEMOISELLE ROSE

100 façons d'accommoder le veau. Un vol. in-16. . . . . . » 75
100 façons de préparer les œufs. Un vol. in-16. . . . . . . » 75
100 — — les pommes de terre. Un vol. in-16. » 75
100 — — les potages. Un vol. in-16 . . . . . » 75
100 — — les entremets sucrés. Un vol. in-16. » 75
100 — — les plats froids. Un vol. in-16 . . . » 75
100 — d'accommoder les restes. Un vol. in-16. . . . . » 75
100 — de préparer les plats maigres. Un vol. in-16. . . » 75
100 — de préparer les sauces. Un vol. in-16. . . . . . » 75
100 — de préparer le gibier. Un vol. in-16. . . . . . . » 75
100 façons de se guérir (accidents et petites maladies). Un vol. in-16. » 75

Émile ANDRÉ

100 COUPS DE JIU-JITSU

1 vol. in-16 illustré . . . . Prix. **1 fr. 25**

100 FAÇONS DE SE DÉFENDRE DANS LA RUE SANS ARMES

1 vol. in-16 illustré . . . . Prix. **75 cent.**

100 FAÇONS DE SE DÉFENDRE DANS LA RUE AVEC ARMES

1 vol. in-16 illustré . . . . Prix. **75 cent.**

Baronne STAFFE

INDICATIONS PRATIQUES POUR RÉUSSIR
dans le Monde et dans la Vie

1 vol. in-16 . . . . Prix. **75 cent.**

H.-L.-Alphonse BLANCHON

100 FAÇONS D'AUGMENTER SES REVENUS
pendant ses loisirs

1 vol. in-16 . . . . Prix. **75 cent.**

P.-J. PROUDHON

IDÉE GÉNÉRALE DE LA RÉVOLUTION AU XIXᵉ SIÈCLE

1 vol. in-18 . . . . Prix. **1 fr. 25**

Œuvres de Pierre SALES
à 3 fr. 50 le Volume

Les Rois du Monde :
   Le Roi de l'acier . . . . 1 vol.
   Le Roi de l'or . . . . 1 vol.
Le Secret du bonheur. . . . . 1 vol.
Oiseau de luxe . . . . 1 vol.
Les Habits rouges . . . . 1 vol.
Césarette . . . . 1 vol.
Le Ruban rouge :
   L'Honneur du Mari . . . . 1 vol.
   Le Rachat de la Femme . . . . 1 vol.
Le Secret du blessé. Illustrations de Rudaux. . . . 1 vol.
Le Haut du pavé . . . . 1 vol.
Les Madeleines . . . . 1 vol.
Jeanne de Mercœur . . . . 1 vol.
Louise Mornans . . . . 1 vol.
Mariage manqué. Nouvelles . . . . 1 vol.
Le Puits mitoyen . . . . 1 vol.
Abandonnées . . . . 1 vol.
Une Vipère. — Orphelines ! . . . . 2 vol.
Le Diamant noir . . . . 1 vol.
La Mèche d'or . . . . 1 vol.
La femme endormie . . . . 1 vol.
Un Drame financier. — **Robert de Campignac**. . . 2 vol.
Incendiaire ! . . . . 1 vol.
L'Enfant du péché. — Passions de jeunes filles . . 2 vol.
Fille de prince. — Premier prix d'opéra . . . . . 2 vol.
Miracle d'amour. — Le petit Charbonnier. . . . . 2 vol.
La Fée du Guildo. — La Malouine. . . . . 2 vol.
Le Corso rouge. — L'Écuyère. . . . . 2 vol.
Chaîne dorée. — Olympe Salverti. . . . . 2 vol.
La Course aux Millions. — La Mariquita . . . . . 2 vol.
Beau Page . . . . 1 vol.
L'Argentier de Milan . . . . 1 vol.

CH. BROSSARD

Géographie Pittoresque et Monumentale
de la FRANCE
et de ses COLONIES

Description du Sol. - Curiosités - Monuments
Cartes des Départements.

Chaque volume renferme 600 gravures dont 160 en couleurs
L'ouvrage tiré sur papier couché, forme six volumes grand in-8°

TOME I
LA FRANCE DU NORD

TOME II
LA FRANCE DE L'OUEST

TOME III
LA FRANCE DE L'EST

TOME IV
LA FRANCE DU SUD-OUEST

TOME V
LA FRANCE DU SUD-EST

TOME VI
COLONIES FRANÇAISES

Prix du volume broché . . . . 25 fr.
En reliure demi-chagrin, plaque . . . . 32 fr.
En reliure amateur, coins . . . . 35 fr.

GÉOGRAPHIE (suite)

La publication se vend aussi en séries à 0 fr. 60 et en fascicules régionaux comme il suit :

FRANCE DU NORD

Paris et le Département de la Seine. 4 50
Seine-et-Oise . . . . 2 »
Ile-de-France 6 50
Picardie, Artois et Flandre 6 50
Normandie. . . . . 8 »

FRANCE DE L'OUEST

Bretagne . . . . 10 »
Maine-Anjou. 4 50
Touraine-Orléanais. . . . . 7 »
Berry-Bourbonnais . . . . 4 »

FRANCE DE L'EST

Champagne . . . . 6 »
Lorraine-Belfort. 4 50
Franche-Comté. . . . . 4 »
Bourgogne. 6 50
Nivernais-Lyonnais . . . . 5 »

FRANCE DU SUD-OUEST

Le Poitou. . . . . 5 »
Aunis, Saintonge, Angoumois, Limousin . . . . 6 »
Guyenne et Gascogne, I : *Gironde, Dordogne, Lot, Lot-et-Garonne* . . . . 7 »
Guyenne et Gascogne, II, et Béarn : *Tarn-et-Garonne, Aveyron, Landes, Gers, H^{tes}-Pyrénées, Basses-Pyrénées*. 7 50

FRANCE DU SUD-EST

Roussillon, Comté de Foix . . . . 2 »
Languedoc. 7 50
Auvergne, Marche . . . . 4 »
Savoie, Dauphiné. 4 50
Littoral méditerranéen : *Provence, Nice, Avignon* . . . 6 50
Corse 1 50

GÉOGRAPHIE (suite)

COLONIES FRANÇAISES

Algérie.	5 »
Tunisie.	2 »
Maroc.	2 »
Afrique occidentale française.	4 »
Madagascar, Réunion, etc.	2 50
Colonies d'Asie.	6 »
Colonies d'Amérique.	2 50
Colonies d'Océanie.	1 50

L'OUVRAGE SE VEND ÉGALEMENT PAR DÉPARTEMENT, AVEC CARTE SPÉCIALE

1re Série à 0 fr. 75

Alpes (Basses).	Cantal.
Alpes (Hautes).	Creuse.
Ardèche.	Lozère.
Ariège.	Savoie.
Belfort (Territoire de).	Savoie (Haute).

2me Série à 1 fr. 35

Ain.	Drôme.
Aisne.	Eure.
Allier.	Eure-et-Loir.
Alpes-Maritimes.	Gard.
Ardennes.	Garonne (Haute).
Aude.	Gers.
Aveyron.	Hérault.
Charente.	Indre.
Cher.	Isère.
Corrèze.	Jura.
Corse.	Landes.
Doubs.	Loire.

GÉOGRAPHIE (suite et fin)

2ᵐᵉ Série à 1 fr. 35 (Suite)

Loire (Haute).
Lot.
Lot-et-Garonne.
Manche.
Marne.
Marne (Haute).
Mayenne.
Meurthe-et-Moselle.
Meuse.
Nièvre.
Oise.
Orne.
Puy-de-Dôme.

Pyrénées (Basses).
Pyrénées (Hautes).
Pyrénées-Orientales.
Saône-et-Loire.
Saône (Haute).
Sarthe.
Tarn.
Tarn-et-Garonne.
Var.
Vaucluse.
Vendée.
Vienne (Haute).
Vosges.

3ᵐᵉ Série à 1 fr. 95.

Aube.
Bouches-du-Rhône.
Calvados.
Charente-Inférieure.
Côte-d'Or.
Côtes-du-Nord.
Deux-Sèvres.
Dordogne.
Finistère.
Ille-et-Vilaine.
Indre-et-Loire.

Loiret.
Loir-et-Cher.
Maine-et-Loire.
Morbihan.
Pas-de-Calais.
Seine-et-Marne.
Seine-et-Oise.
Somme.
Vienne.
Yonne.

4ᵐᵉ Série à 2 fr. 50

Gironde.
Loire-Inférieure.
Nord.

Rhône.
Seine-Inférieure.

Le Bon Journal

paraissant tous les Dimanches

MAGAZINE ILLUSTRÉ à **15** centimes

NOUVELLE SÉRIE

PARIS, DÉPARTEMENTS, ALGÉRIE et TUNISIE. Six mois : **4** fr. **50**. — Un an : **8** fr.
ÉTRANGER, UNION POSTALE. . . . . Six mois : **7** fr. — Un an : **13** fr.

ADMINISTRATION ET RÉDACTION :

PARIS   26, Rue Racine, 26   PARIS

EN VENTE :

A PARIS, dans tous les kiosques et chez tous les marchands de journaux. — **EN PROVINCE**, chez les libraires et marchands de journaux et dans toutes les gares de chemins de fer.

LE BON JOURNAL est le seul **Magazine** illustré à 15 centimes, 40 pages de texte avec nombreuses illustrations, romans des meilleurs écrivains français, toutes les actualités de la mode, du théâtre, des sciences, des arts, du sport, etc.

Primes remboursant intégralement à tous les abonnés le montant de l'abonnement. Grands concours d'actualités dotés de nombreux prix importants.

LE BON JOURNAL ne publie que des romans que tout le monde peut lire ; *c'est le journal de la famille par excellence.*

Envoi franco, sur demande, de numéros spécimen.

1899. — Imp. Hemmerlé et Cie

AVIS DE L'ÉDITEUR

Le but de la collection des *Auteurs célèbres*, à **60** *centimes* le volume, est de mettre entre toutes les mains de bonnes éditions des meilleurs écrivains modernes et contemporains.

Sous un format commode et pouvant en même temps tenir une belle place dans toute bibliothèque, il paraît chaque quinzaine un volume.

CHAQUE OUVRAGE EST COMPLET EN UN VOLUME

POUR LES Nos 1 A 450, DEMANDER LE CATALOGUE SPÉCIAL

- FLAMMARION, Les Caprices de la foudre.
- BALZAC, Béatrix.
- MARTEL, Dona Blanca.
- 454. H. DE BALZAC, Louis Lambert.
- 455. JEAN DRAULT, L'Impériale de l'Omnibus.
- 456. H. DE BALZAC, Séraphita.
- 457. LOUIS NOIR, Trésor caché.
- 458. H. DE BALZAC, Eugénie Grandet.
- 459. LONGFELLOW, Évangéline.
- 460. H. DE BALZAC, Physiologie du Mariage.
- 461. TRISTAN BERNARD, Citoyens, Animaux, Phénomènes.
- 462. H. DE BALZAC, Modeste Mignon.
- 463. OCTAVE PRADELS, Agence matrimoniale.
- 464. H. DE BALZAC, Grandeur et décadence de César Birotteau.
- 465. LOUIS NOIR, Au fond de l'abîme.
- 466. H. DE BALZAC, La cousine Bette.
- 467. FERNAND-LAFARGUE, Fin d'amour.
- 468. H. DE BALZAC, Le cousin Pons.
- 469. E. THIBION. Mamzelle Misère.
- 470. ODYSSE BAROT. Susie.
- 471. MAX et ALEX FISCHER. Avez-vous 5 minutes?
- 472. TANCRÈDE MARTEL. La Tuile d'or.
- 473. VICTOR TISSOT. Au berceau des tzars.
- 474. G. AIMARD. Le Robinson des Alpes.
- 475. Capitaine MARRYAT. Aventures d'un jeune aspirant de marine (Pierre Simple).
- 476. FENIMORE COOPER. Le Tueur de daims.

En jolie reliure spéciale à la collection, 1 fr. le volume.
ENVOI FRANCO CONTRE MANDAT OU TIMBRES-P

Imprimerie LAHURE, rue de Fleurus, 9, à Paris.

www.ingramcontent.com/pod-product-compliance
Lightning Source LLC
Chambersburg PA
CBHW072110170426
R18158300001B/R181583PG43191CBX00001B/1